Landgang

land

W0340999

Dänemark

001lg Foto: md

Es

Finnland

Lettland und Litauen

Po

Russl

Schweden

An

Michael Dojel

Landgang – Kreuzfahrthäfen an der Ostsee

„Reisen lehrt tolerieren.“
Benjamin Disraeli

Impressum

Michael Dojel
Landgang – Kreuzfahrthäfen an der Ostsee
erschienen im
Reise Know-How Verlag Peter Rump GmbH
Osnabrücker Str. 79, 33649 Bielefeld

2., neu bearbeitete und komplett aktualisierte Auflage 2010

Gestaltung
Umschlag: G. Pawlak, P. Rump (Layout),
Klaus Werner (Realisierung)
Inhalt: G. Pawlak (Layout),
Anna Medvedev (Realisierung)
Karten: Anna Medvedev, der Verlag
Fotos: siehe Bildnachweis S. 262

Lektorat: travel@media oHG

Druck und Bindung: Fuldaer Verlagsanstalt GmbH & Co. KG

ISBN 978-3-8317-1896-2
Printed in Germany

Dieses Buch ist erhältlich in jeder Buchhandlung Deutschlands,
der Schweiz, Österreichs, Belgiens und der Niederlande.
Bitte informieren Sie Ihren Buchhändler über folgende
Bezugsadressen:

Deutschland
Prolit GmbH, Postfach 9, D-35461 Fernwald (Annerod)
sowie alle Barsortimente

Schweiz
AVA-buch 2000, Postfach, CH-8910 Affoltern

Österreich
Mohr Morawa Buchvertrieb GmbH, Sulzengasse 2, A-1230 Wien

Niederlande, Belgien
Willems Adventure, www.willemsadventure.nl

Wer im Buchhandel trotzdem kein Glück hat,
bekommt unsere Bücher auch über unseren
Büchershop im Internet: www.reise-know-how.de

Wir freuen uns über Kritik, Kommentare und Verbesserungsvorschläge, gern auch per E-Mail an info@reise-know-how.de.

Alle Informationen in diesem Buch sind vom Autor mit größter Sorgfalt gesammelt und vom Lektorat des Verlages gewissenhaft bearbeitet und überprüft worden.
Da inhaltliche und sachliche Fehler nicht ausgeschlossen werden können, erklärt der Verlag, dass alle Angaben im Sinne der Produkthaftung ohne Garantie erfolgen und dass Verlag wie Autor keinerlei Verantwortung und Haftung für inhaltliche und sachliche Fehler übernehmen. Die Nennung von Firmen und ihren Produkten und ihre Reihenfolge sind als Beispiel ohne Wertung gegenüber anderen anzusehen. Qualitäts- und Quantitätsangaben sind rein subjektive Einschätzungen des Autors und dienen keinesfalls der Bewerbung von Firmen oder Produkten.

Michael Dojel

Landgang – Kreuzfahrthäfen an der Ostsee

099lg Foto: ai

Vorwort

Liebe Leserin, lieber Leser,

Landausflüge machen den Reiz einer Kreuzfahrt aus. Aber für jedes Land einen Reiseführer kaufen, obwohl nur ein Hafen angelaufen wird?

„Landgang – Kreuzfahrthäfen an der Ostsee" befasst sich mit den von den Kreuzfahrtschiffen angelaufenen Häfen der Ostsee. So erhalten Sie viele Informationen, um Ihre Kreuzfahrt interessant zu gestalten.

Sie erfahren, wie weit es vom Hafen zur Stadt ist und wie Sie dort hinkommen. Der „Stadtrundgang" führt Sie zu den wichtigsten Sehenswürdigkeiten, die „Landpartie" zu interessanten Orten etwas außerhalb der Stadt. Unter „Das Besondere" erhalten Sie Tipps zu weniger bekannten oder ausgefallenen Unternehmungen. Auch Schlechtwettertipps wurden nicht vergessen.

Unter „Informationen" finden Sie die Anschriften, E-Mail- und Internet-Adressen der Touristenbüros, damit Sie sich schon zu Hause auf die Reise vorbereiten können.

Ich wünsche Ihnen eine gute Reise, viel Spaß und immer eine handbreit Wasser unterm Kiel.

Michael Dojel

Inhaltsverzeichnis

002lg Foto: md

Landgang

„Land in Sicht!" An Bord verbreitet sich eine gewisse Unruhe. Zuerst nur als schmaler Streifen am Horizont, zeigt sich bald das Land mit Bergketten, Wäldern und Ortschaften. Langsam werden die Decks bevölkert, eine Art Entdeckergefühl macht sich unter den Passagieren breit.

Auch wenn eine Stadt bekannt ist, der Eindruck von See ist neu und interessant. Was erwartet mich? Was gibt es zu sehen? Fragen, die auf Antworten warten.

Der Landgang ist und bleibt der interessanteste Teil der Reise – auch wenn die modernen Marketingstrategen der Kreuzfahrtlinien immer mehr das Schiff als das eigentliche Ziel verkaufen möchten. Kaum hat das Schiff am Kai festgemacht, beginnt ein hektisches Treiben. Busse und Taxis werden in Position gebracht, warten in Reih und Glied auf die Landausflügler. Händler bauen ihre Verkaufsstände auf, Lastwagen warten, um die Schiffsbestände aufzufüllen. Spaziergänger schauen genauso neugierig zum Schiff hinauf wie die Passagiere hinunter. Zur Begrüßung spielt eine Kapelle oder es tanzt eine Folkloregruppe, um die Wartezeit zu verkürzen.

Die Passagiere möchten so schnell wie möglich von Bord, wieder einmal festen Boden spüren. Aber immer wieder die Durchsage: „Das Schiff ist von den Behörden noch nicht freigegeben!" Geduld ist angesagt.

Der Landgang stellt für die Kreuzfahrtleitung eine organisatorische Höchstleistung dar. Während Zoll- und Grenzbeamte noch ihre Arbeit erledigen, werden die Passagiere bei einigen Linien nach gebuchten Ausflügen sortiert und zu den vorgesehenen Treffpunkten gebeten. Bei anderen Linien bekommen sie farbige Landgangsmarken und werden nach Farben aufgerufen. Es entsteht ein geordnetes Chaos. Nicht in jedem Hafen legt das Schiff direkt am Kai an und kann sofort mit den Landausflügen begonnen werden. Kreuzfahrtschiffe werden immer größer und passen längst nicht in jeden Hafen. Das Schiff liegt dann in einiger Entfernung vom Land auf Reede und die Passagiere werden in **Tenderbooten** an Land gebracht. Diese Prozedur verschlingt natürlich Zeit, macht den Landgang vom Seegang und vom Wetter abhängig.

Endlich ist es so weit. Die Behörden haben ihre Kontrollen beendet, das ist Schiff freigegeben. Eine neue Welt kann entdeckt werden.

Landausflüge – organisiert

Ein Einkaufsbummel in einer interessanten Hafenstadt, eine Inselrundfahrt, Schlossbesichtigungen und Museumsbesuche – die Auswahl der angebotenen Ausflüge ist groß.

▼ Die Reiseveranstalter bieten eine große Auswahl an Ausflugsangeboten

Bei einigen Veranstaltern bekommt der Gast bereits zeitig vor der Abreise ein **Informationsblatt** über die Landausflüge. Die Ziele sind kurz beschrieben und in Gedanken können die Sehenswürdigkeiten bereits besucht werden. Damit man weiß wie hoch die Reisekasse belastet wird, sind

006lg Foto: to

auch die Preise mit angegeben. Will man noch vor der Abreise buchen, geht das **Buchungsformular** ausgefüllt an das Reisebüro zurück und wird dann von dort an die Bordreiseleitung geschickt. Auch Buchungen via Internet sind möglich.

Eine weitere Möglichkeit ist die **Buchung an Bord des Schiffes.** Vorträge oder Info-Videos wecken das Interesse an den Ausflügen. Die Reservierung erfolgt dann am Bordreisebüro (Shore Excursion Office). Hier gibt es auch noch den einen oder anderen Tipp zu den Ausflügen. Wichtig ist z. B., ob ein Ausflug auch für behinderte Gäste geeignet ist. Steile Wege und Treppen machen so manchen Ausflug für diese Gäste unmöglich. Auch lange Anmarschwege zu einer Sehenswürdigkeit sind nicht für jeden Passagier geeignet.

Die Angebotspalette ist sehr groß, wird doch versucht, jedem Gast etwas zu bieten. **Halb- und Ganztagsausflüge** stehen ebenso auf dem Programm wie Mehrtagesausflüge. Die Halbtagsausflüge beginnen entweder nach dem Frühstück oder, je nach Länge des Hafenaufenthaltes, auch am Nachmittag. Die Teilnehmer kommen dabei immer rechtzeitig zu den Mahlzeiten zurück. Bei den Ganztagesausflügen wird entweder ein Stopp in einem landestypischen Restaurant eingelegt oder es werden Lunchpakete verteilt. Die Ausflüge werden meist mit Bussen durchgeführt. Obwohl der örtliche Agent bemüht ist, die besten Busse zu organisieren, müssen je nach Land Abstriche gemacht werden. Aber vielleicht liegt gerade auch darin der Reiz, in einem „landestypischen Vehikel" eine Insel oder Landschaft zu erkunden.

Bei den organisierten Ausflügen trägt der **lokale Veranstalter** die Verantwortung für die Durchführung. Er hat, in Zusammenarbeit mit der Reederei, die Ausflüge organisiert. Busse zu den Zielen stehen bereit, der Fahrer kennt die örtlichen Gegebenheiten und der lokale Reiseleiter ist auf dem aktuellen Stand der Dinge. Er kennt nicht nur die Sehenswürdigkeiten, sondern weiß auch viel vom

Alltag der Menschen zu berichten. Sprachprobleme gibt es auch keine, denn entweder spricht der Reiseleiter deutsch oder es wird übersetzt. Außer für Souvenirs und Getränke entstehen keine weiteren Kosten. Die Sicherheit der Urlauber ist sehr gut gewährleistet, da in der Gruppe gereist wird und unsichere Gegenden gemieden werden. Von Nachteil ist, dass oft zahlreiche Busse zu den Sehenswürdigkeiten unterwegs sind. Es kann schon recht nervig sein, mit mehreren Gruppen eine Sehenswürdigkeit zu besichtigen. Allerdings lässt der vorgesehene **Zeitplan** nicht viel Spielraum für individuelle Wünsche. Ein- und Aussteigen braucht so seine Zeit. Besonders bei den sogenannten Fotostopps dauert diese Prozedur oft länger als der eigentliche Stopp.

Die Planung und Durchführung haben natürlich ihren **Preis.** Abhängig vom Zielland können Ausflüge recht teuer sein. So kann eine gebuchte Tour ein ziemlich großes Loch ins Reisebudget reißen, besonders, wenn mehrere Mitglieder einer Familie daran teilnehmen. Die organisierten Ausflüge haben aber einen Vorteil: Treten Verspätungen auf, wartet das Schiff.

Landausflüge – individuell

Es ist kein Muss, einen Ausflug an Bord zu buchen. Wer will, kann eine Stadt oder eine Insel, auch auf eigene Faust erkunden. Dazu ist aber einiges an **Vorbereitung** zu leisten. Es bereitet durchaus Spaß, Reiseführer zu studieren, Informationen zu lesen und einen genauen Plan der Besichtigungen zu erstellen. Der Vorteil ist, dass man die Sehenswürdigkeiten nach seinem **persönlichen Interesse** auswählen kann. Sie entscheiden, was Sie sich ansehen möchten und was Ihnen wichtig erscheint. Ein weiterer Vorteil liegt eindeutig darin, dass Sie in vielen Fällen mit nur wenigen anderen Reisenden zur selben Zeit am selben Ort sind.

008lg Foto: ibs, www.imagebank.sweden.se, © Göran Assner/Swedish Travel and Tourism Council

▶ Wer die Orte auf eigene Faust entecken will – hier die Altstadt Stockholms – sollte sich für die Planung Zeit nehmen

Und Dank der gründlichen Vorbereitung müssen Sie nicht die (oft teuren) Ausflüge an Bord des Schiffes buchen.

Wer sich mehr für die Geschichte oder die Landschaften und Bräuche des besuchten Landes interessiert, der sollte für Museumsbesuche immer mindestens eine halbe Stunde einplanen. Flanieren, Einkaufen, das Entdecken der lokalen Märkte, alles braucht seine Zeit! Vergessen Sie daher nicht den gelegentlichen Blick auf die Uhr.

Wie findet man sich aber in einer fremden Stadt zurecht? Hier können die von der Bordreiseleitung oder der Touristeninformation ausgegebenen **Stadtpläne** helfen. Gelegentlich nicht besonders detailliert, zeigen sie doch die wichtigsten Sehenswürdigkeiten und Hauptstraßen. Zur besseren Orientierung sind auch in diesem Buch die Beschreibungen der Kreuzfahrtziele durch Stadtpläne mit den wichtigsten Sehenswürdigkeiten und den vom Autor besonders empfohlenen Attraktionen ergänzt worden.

Das Problem des **Transports** ist schnell gelöst. Oft stehen – nicht weit vom Schiff – Taxen bereit, die Sie gerne zu jedem gewünschten Ziel bringen. Es lohnt sich jedoch immer der Weg vor den Hafenausgang. Kurz dahinter fallen die Preise für die geplante Tour oft auf die Hälfte des ursprünglich Geforderten. Sollten Sie an Bord nette Passagiere mit gleichen Interessen gefunden haben, dann bietet sich für Ihren Ausflug ein **Minibus** an. Das reduziert so ganz nebenbei noch einmal die Kosten. In jedem Fall sollten die Route und der Preis vor Fahrtantritt ausgemacht werden. Die Bezahlung erfolgt am Ende der Tour, wenn alle zuvor ausgemachten Ziele besucht wurden und Sie wieder am Hafen angekommen sind. Ist der Liegeplatz des Schiffes nicht weit von der Stadt, kann am Ende der Tour auch ein Fußmarsch zurück in Betracht gezogen werden. Für Besichtigungen außerhalb einer Stadt oder für eine Inselrundfahrt bieten sich **Mietwagen** an. Ein Auto sollte bereits von zu Hause gebucht werden, sonst kann es vorkommen, dass kein Fahrzeug zur Verfügung steht. Wegen der begrenzten Zeit sollten Übergabe und Rücknahme am Hafen vereinbart werden. Bei der Anmietung ist die Vorlage einer Kreditkarte, des gültigen Führerscheins und der Reisedokumente ein Muss, da sonst die Vermietung verweigert wird.

Wann immer Sie das Schiff verlassen, sollte das **Tagesprogramm** mitgenommen werden. Nur **hier** sind die aktuellen **Liegezeiten** und der **Schiffsliegeplatz** vermerkt. Oft ist hier auch die Telefonnummer des lokalen Schiffsagenten angegeben, der bei eventuell auftretenden Problemen informiert werden sollte.

Nicht zu vergessen ist das nötige Kleingeld! Ob Taxifahrt, kleiner Imbiss oder der Kauf eines Souvenirs, meist wird nur **Landeswährung** akzeptiert. Für solche Ausgaben sollte immer ein kleiner Betrag in Landeswährung mitgeführt werden. Auf manchen Schiffen ist der Umtausch von Euro in die Lokalwährung möglich. Um eventuelle Wartezeiten an der Rezeption zu vermeiden, ist es aber ratsam, die Landeswährung bereits zu Hause zu besorgen. Höhere Beträge sollten (möglichst) mit **Kreditkarten** beglichen werden.

Zu beachten ist bei der **Zeiteinteilung,** dass privat an Land gehende Gäste in der Regel erst als Letzte das Schiff verlassen können. Bei aller Freiheit der Zeiteinteilung darf aber eines nicht vergessen werden – die Abfahrtszeit des Schiffes! Bei Verspätung, egal aus welchem Grund, gilt: Das Schiff wartet nicht! Da die Schiffe unterschiedlich lange in den Häfen liegen, ist in den einzelnen Kapiteln jeweils die ungefähre Dauer der Ausflüge und Besichtigungen angegeben.

Zum Schluss noch ein Tipp: Packen Sie nicht zu viele Sehenswürdigkeiten in Ihren Ausflugsplan. Weniger ist oft mehr, sonst wird der Ausflug schnell zum Dauerlauf von einer Attraktion zur nächsten. Picken Sie das für Sie Interessante heraus und genießen Sie die Besichtigung.

Fahrtgebiet Ostsee – ein Kreuzfahrt-Klassiker

Das milde Klima und die meist ruhige See machen die Ostsee zu einem der beliebtesten Kreuzfahrtreviere. Dazu kommt, dass die Einschiffungshäfen praktisch vor der Haustür liegen. Ob mit Bahn, Bus oder eigenem Pkw, die Anreise zu den Häfen dauert nur ein paar Stunden. Die baltischen Häfen glänzen durch wunderschön restaurierte Innenstädte und historische Gebäude. In Peterhof, nahe St. Petersburg, fühlt man sich in die Zarenzeit zurückversetzt. In Helsinki, an drei Seiten vom Meer umgeben, erinnern 527 stählerne Orgelpfeifen im Sibeliuspark an den großen finnischen Komponisten. Einmalig ist die Welt der Schären vor Stockholm, die heimelige Altstadt und die zu Abba-Klängen stattfindende Wachablösung vor dem königlichen Schloss. Gotland ist geprägt durch eine Heidelandschaft, menschenleere Strände und das mittelalterliche Visby. Bornholm ist gemütlich, Kopenhagen lädt mit der längsten Einkaufsstraße der Welt zum Bummeln ein.

Die angebotenen Kreuzfahrten dauern, je nach Veranstalter, 7 bis ca. 11 Tage. Auch auf den kürzeren Reisen wird eine große Anzahl Häfen angelaufen. Interessante Städte und wenige Seetage machen eine Ostseereise auch für Kreuzfahrteinsteiger interessant.

Das Klima ist sehr angenehm. Mai, Juni, Juli bieten die meisten Sonnenstunden, der August ist der wärmste Monat. Dennoch sollten ein leichter Pullover und eine Regenjacke immer im Gepäck sein, denn auch im Sommer gibt es kurze Schauer und kühlere Tage.

009lg Foto: wi, KlaasOle Kürtz, www.wikipedia.org

▶ Die Hafenstadt Kiel lockt zahlreiche Ostsee-Entdecker an

003lg Foto: pl, St. Ahler, www.pixelio.de

Deutschland

Flensburg

Kurz und bündig

Die Stadt Flensburg mit ihren 87.000 Einwohnern ist die nördlichste Stadt Deutschlands. Sie liegt am Ende der Flensburger Förde. 1200 als dänische Siedlung gegründet, erhielt Flensburg 1284 das Stadtrecht. 1864 wurde die Stadt ein Teil von Preußen und im Jahr 1920 stimmte sie für den endgültigen Verbleib in Deutschland.

In die Stadt

Die Schiffe machen praktisch vor den Toren der Altstadt fest.

Rundgang

Von der Anlegestelle führt der Rundgang am Hafen entlang zum **Schifffahrtsmuseum.** Ausgestellt sind Schiffsmodelle, Seekarten und allerlei Navigationsgeräte.

- Schifffahrtsmuseum, Schiffbrücke 39, Tel. +49 (0) 461 852970, geöffnet: Apr.–Okt. Di.–So. 10–17 Uhr

◀ Vorseite: Die Seebrücke in Ahlbeck auf Usedom

Im 18. Jahrhundert war Flensburg *die* Rumstadt. Aus Dänisch-Westindien geliefert, wurde der Rum

Legende zum Cityplan Flensburg

★	1	Nordertor	⛴	14	Anlegestelle
Ⓜ	2	Phänomenta	•	15	Fördestr. (Kraftfahrtbundesamt)
Ⓜ	3	Rum-Museum	🛍	16	Braasch's Rum
•	4	Kaufmanhof	⛪	17	Heiliggeistkirche
🛍	5	C.C. Petersen	🎭	18	Theater
★	6	Flensborghus	Ⓜ	19	Museumsberg
Ⓜ	7	Schifffahrtsmuseum	ℹ	20	Touristen Information
Ⓜ	8	Museumshafen	Ⓑ	21	Busbahnhof (ZOB)
•	9	Salondampfer „Alexandra"	★	22	Südermarkt
•	10	Treppe zum Aussichtspunkt Duborg	⛪	23	St.-Nikolai-Kirche
•	11	Oluf-Samson-Gang	💊	24	Delphin-Apotheke
⛪	12	St.-Marien-Kirche	★	25	Kunsthandwerker in der Roten Straße
★	13	Nordermarkt mit Neptunsbrunnen	✉	26	Post

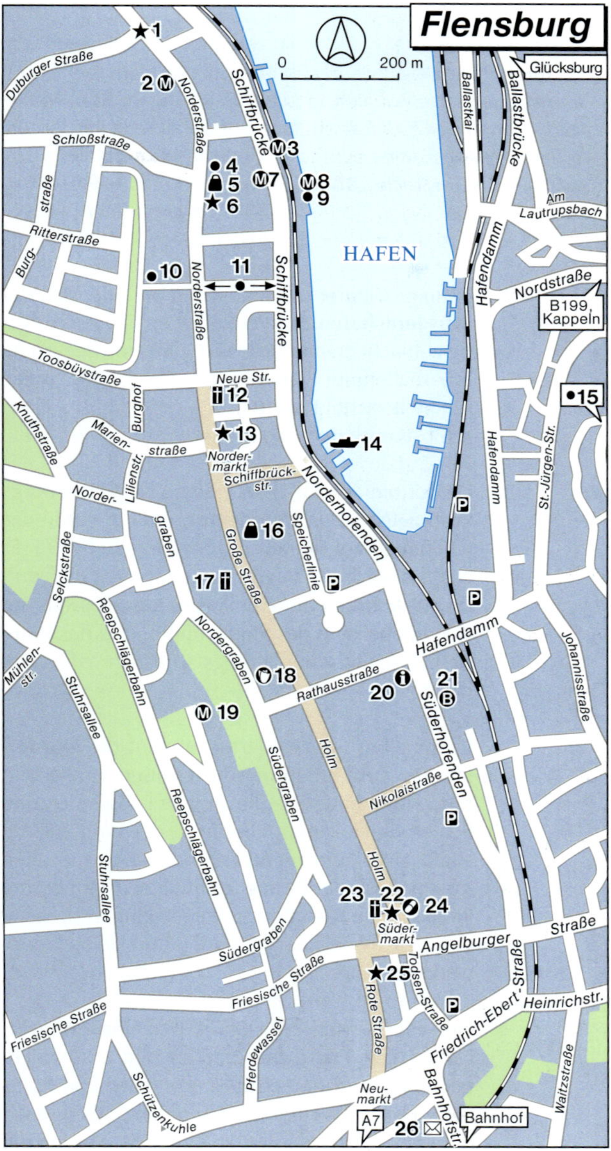

Deutschland

> **Fußwege**
> *Passagiere mit Behinderungen sollten bedenken, dass die Straßen in der Altstadt gepflastert sind. Vom Hafen zur Stadt ist eine leichte Steigung zu bewältigen.*

hier veredelt und auf Trinkstärke verdünnt. Die meisten Rumhäuser gibt es nicht mehr, aber die Ausstellung im **Rum-Museum** gibt Einblicke in ihre Arbeit.

- Rum-Museum, Schiffbrücke 39, Tel. +49 (0) 461 852970, geöffnet: Apr.–Okt. Di.–So. 10–17 Uhr

In unmittelbarer Nachbarschaft befindet sich der **Museumshafen.** Ein Verein hat es sich zur Aufgabe gemacht, traditionelle Ost- und Nordseeschiffe zu erhalten. Im Hafen können ca. 20 alte Segelschiffe besichtigt werden.

- Museumshafen, Schiffbrücke 39

Weiter die Schiffbrücke entlang liegt Flensburgs Wahrzeichen, das **Nordertor.** Erbaut wurde das wuchtige Backsteintor mit Stufengiebel 1595. Es war die nördliche Begrenzung der Stadt und wurde bei Anbruch der Dunkelheit geschlossen. Am Nordgiebel sind das Stadtwappen und das Wappen des dänischen Königs *Christian VII.* angebracht.

Unmittelbar am Nordertor beginnt die **Norderstraße.** Zusammen mit der Großen Straße und dem Holm bildet sie die längste Fußgängerzone Schleswig-Holsteins. Hier führt der Weg zur Altstadt. Links und rechts befinden sich die alten Kaufmannshöfe. In den gemütlichen Höfen, mit ihren bunten Fassaden an Italien erinnernd, befinden sich Trödelläden, Galerien und kleine Handwerksbetriebe.

Der älteste Markt der Stadt, der **Nordermarkt,** lädt zu einer Pause ein. Rund um den 1758 errichteten Neptunsbrunnen stellen Kneipen und Cafés bei schönem Wetter ihre Tische und Stühle nach draußen. Sehenswert ist die Kirche **St. Marien** mit

010lg Foto: pl, www.pixelio.de

▲ Der Hafen in Flensburg

schönen Deckenmalereien. In den **Schrangen,** einem Arkadengang, verkauften früher Metzger, Bäcker und Buchhändler ihre Waren.

Die **Große Straße** lädt zum Bummeln ein. Interessant sind die Häuser aus den verschiedensten Epochen. So lassen sich Fassaden aus dem Klassizismus, der Renaissance und dem Barock entdecken. Selbst bei Regenwetter kann in den Passagen eingekauft werden, sind sie doch alle überdacht. In den ehemaligen Kaufmannshöfen haben viele kleine Geschäfte und Lokale geöffnet. Besonders schön ist der **Westindienhof** in der Großen Straße 24. Auch die **Heiliggeistkirche** mit ihren mittelalterlichen Fresken lohnt einen Besuch.

Über die rechts abbiegende Rathausstraße, am Theater vorbei, geht es zum **Städtischen Museum** auf dem Museumsberg. Das Museum gibt einen Überblick über die Geschichte der Region seit der Steinzeit. Die Bauernstuben zeigen das Leben im 17. und 18. Jahrhundert. Der Anstieg lohnt sich auch wegen der schönen Aussicht über Flensburg.

- Städtisches Museum, Museumsberg 1, Tel. +49 (0) 461 852956, geöffnet: Apr.–Okt. Di.–So. 10–17 Uhr, Eintritt: die Verbundkarte für Museumsberg, Naturwissenschaftliches Museum und Schifffahrtsmuseum kostet 5 €.

Es geht zurück zum **Holm** mit seinen vielen restaurierten Giebelhäusern. Eine besonders schöne Fassade hat das Haus Nr. 10 aus dem Jahre 1853. Der älteste Handelshof der Stadt ist das Haus Nr. 19.

Am **Südermarkt,** dem zweiten Zentrum der Stadt, steht Flensburgs größte Kirche, **St. Nikolai.** Die Orgel gilt als schönste ihrer Art in Norddeutschland. Den Markt säumen mehrere alte Giebelhäuser. Das Haus mit der Delphin-Apotheke ist Flensburgs ältestes Wohnhaus.

Nach Überquerung der Friesischen Straße kann in der **Roten Straße** Kunsthandwerkern bei der Arbeit zugesehen werden. Kleine Gasthöfe laden zu einer Pause ein.

Über die Friedrich-Ebert-Straße, am Kloster zum Heiligen Geist vorbei, führt der Weg zurück zum Hafen.

Der Rundgang dauert ohne Pausen ca. 2 Std.

Landpartie Vom Flensburger Hauptbahnhof fährt der Bus zum **Wasserschloss Glücksburg.** Das 400 Jahre alte Schloss leuchtet weiß am Ostufer der Flensburger Förde. Bildergalerie, Schlosskapelle und Schatzkammer können besichtigt werden. Im „Weißen Saal" hängen die größten Kostbarkeiten: in Brüssel gefertigte Gobelins (Wandteppiche).

- Die Busse der AFAG fahren vom Südermarkt in 30 Minuten zum Schloss Glücksburg. Nach einem Stadtrundgang bleibt noch genügend Zeit für die Schlossbesichtigung.

Das Besondere

Wenn das Holzkohlenfeuer angezündet wird, steigt bald der Rauch aus dem schwarzen Schornstein des Salondampfers **„Alexandra“.** Der letzte erhaltene Fördedampfer startet regelmäßig zu Hafenrundfahrten ab dem Museumshafen, Schiffbrücke 66 (siehe „Stadtrundgang“).

Die Rundfahrt dauert etwa 1,5 Stunden und kostet 10 €.

Touren

Die **Flensburg Tourismus und Stadtmarketing GmbH** (siehe „Informationen“) bietet verschiedene Touren an.

- „Flensburg auf den ersten Blick“, Stadtführung, Schifffahrt auf der Förde, Schifffahrtsmuseum und Museumsberg, Termin: März–Okt., ab 2 Pers. 18 € p. P.
- „Mit Rum und Plop durch Flensburg“, Besichtigung der Flensburger Brauerei inklusiv Imbiss, Rum-Museum und einer kleinen Flasche Flensburger Rum, Termin: ganzjährig Mo.–Fr., kostet 19 € p. P.

Infos

- **Flensburg Tourismus und Stadtmarketing GmbH,** Rathausstr. 1, 24937 Flensburg, Tel. +49 (0) 461 9090920, geöffnet: Mo.–Fr. 9–18 Uhr, Sa. Juni–Aug. 10–16 Uhr, ab Sep. 10–14 Uhr, E-Mail: info@flensburg-tourist.de, www.flensburg-tourismus.de, www.flensburg-online.de, www.flensburg.de

Autovermietung

- **Avis Krohn Autovermietung,** Liebigstr. 6, 24941 Flensburg, Tel. +49 (0) 461 903990
- **Europcar,** Zur Bleiche 51, 24941 Flensburg, Tel. +49 (0) 461 902900
- **Hertz,** Husumer Str. 29, 24941 Flensburg, Tel. +49 (0) 461 957300

Einkaufen

Echten, traditionellen Rum kauft man bei:

- **Rumhaus Johannsen,** Marienstraße, zweigt vom Nordermarkt ab
- **Braasch's Rum,** Große Straße 24

Veranstaltungen Im Juli 2011 findet das nächste „Dampf-Rundum" statt. Dampfschiffe aus Nord- und Ostsee geben sich in Flensburg ein Stelldichein.

Heiligendamm

Nach Heiligendamm wird getendert.

Kurz und bündig Heiligendamm wurde 1793 als Stadtteil von Bad Doberan gegründet. Es ist das älteste Seebad Deutschlands. Die drei Architekten *von Seydlitz, Severin* und *Demmler* schufen die „Weiße Stadt am Meer". Heiligendamm entwickelte sich schnell zu einem beliebten Seebad des Hochadels, inkl. der russischen Zarenfamilie.

In die Stadt ... sind es nur wenige Schritte von der Seebrücke aus.

Rundgang Die schönste Aussicht auf die Strandpromenade mit den klassizistischen Häusern bietet sich von der 290 m langen Seebrücke. Sie führt direkt zum Grand Hotel. Ein davor aufgestellter Gedenkstein erinnert an Herzog *Friedrich Franz I.*, den Gründer von Heiligendamm. Links von der Promenade und der Professor-Doktor-Vogel-Straße reihen sich die weißen Villen, denen Heiligendamm den Namen

011lg Foto: wi, Doris Antony, www.wikipedia.org

▶ Typisch für den Ort – schöne Strandaussichten

„Weiße Stadt am Meer“ verdankt. Der Spaziergang ist nur von kurzer Dauer, vielleicht 30 bis 45 Minuten, denn etliche Wege und Straßen sind für die Öffentlichkeit gesperrt. So ist der große Park rechts der Seebrücke gesperrt, ebenso das Gebiet hinter der Promenade links der Seebrücke. Veranlasst wurde dies durch eine Investorengruppe, die vor Ort Hotelanlagen betreut. Auch wird der Weg von der Seebrücke zur Ortsmitte entgegen der ursprünglichen Planung nicht gebaut. Entsprechend gespannt ist das Verhältnis der Heiligendammer zu dieser Investorengruppe.

Das Besondere

Unter Dampf. Seit 1886 schnauft „Molli“, die denkmalgeschützte Schmalspurbahn, von Bad Doberan über Heiligendamm nach Kühlungsborn. „Molli“ fährt bimmelnd 15 km durch Wiesen und Felder. Die Züge verkehren jeweils zur vollen Stunde in beide Richtungen. Im „Herzoglichen Wartesaal“, einer Gaststätte, kann stilvoll auf den Zug gewartet werden. Fahrpreis: Heiligendamm – Bad Doberan 6 € (Hin- und Rückfahrt), Heiligendamm – Kühlungsborn 6 € (Hin- und Rückfahrt).

- Mecklenburgische Bäderbahn GmbH, Am Bahnhof, 18209 Bad Doberan, Tel. +49 (0) 38203 4150, www.molli-bahn.de

Touren

In Begleitung. Stadtführungen in Bad Doberan werden samstags durchgeführt. Sie beginnen um 10.30 Uhr und dauern ca. 90 Minuten, www.bad-doberan.de. Eine Anmeldung ist nicht nötig.

Infos

- **Tourist-Information,** Severinstr. 6, 18209 Bad Doberan, Tel. +49 (0) 38203 62154, E-Mail: touristinfo@bad-doberan.de, www.heiligendamm.de, geöffnet: Mo.–Fr. 9–18 Uhr, Sa. 10–15 Uhr

Autovermietung

In Heiligendamm gibt es keine Mietwagen. Aber Joyride, Waldrand 3, 18209 Bad Doberan, Tel. +49 (0) 38203 6130 vermietet Autos und bringt sie bei rechtzeitiger Anmeldung nach Heiligendamm.

Veranstaltungen

Unter Segel. Jedes Jahr im August findet im 15 km entfernten Rostock die Hanse Sail statt. Vom Traditionssegler bis zur kleinen Jolle ist dort alles vertreten.

Kiel

Die meisten Schiffe legen am Schwedenkai an, einige auch am gegenüberliegenden Norwegenkai. Eine 116 m lange Klappbrücke führt über die Hörn, den letzten Zipfel der Förde, vom Norwegenkai Richtung Stadt.

Kurz und bündig

Kiel ist die Hauptstadt Schleswig-Holsteins. Die Kieler Förde, an deren Ende die Stadt liegt, schneidet 17 km tief ins Land. Kiel wurde 1232 gegründet und erhielt 10 Jahre später das Stadtrecht. Wenig später, 1283, trat Kiel der Hanse bei, wurde aber 1511 ausgeschlossen. Die noch heute bestehende Universität wurde bereits 1655 gegründet. Lange unter dänischer Herrschaft, wurde Schleswig-Holstein – und damit auch Kiel – preußisch. Im Zweiten Weltkrieg wurde die Stadt stark zerstört. Die neu gebauten Häuser sind nicht immer Glanzstücke der Architektur. Rund 230.000 Einwohner leben in Kiel, das für die Marine, Schiffbau und Meeresforschung wichtig ist.

In die Stadt

Der Schwedenkai liegt im Zentrum.

Rundgang

Am Schwedenkai entlang führt der Wall. Dieser Straße nach rechts folgend, können die Ausstellungen im **Schifffahrtsmuseum** besichtigt werden. Gezeigt werden Schiffsmodelle, aber auch Dokumente über die Revolution von 1918. Im gegenüberliegenden Museumshafen ankern drei Oldtimer-Schiffe.

- Kieler Schifffahrtsmuseum und Museumsbrücke, Wall 65, 24103 Kiel, Tel. +49 (0) 431 9013428, geöffnet: täglich 10–17 Uhr, Eintritt: 3 €

Durch die Ratsdienerstraße geht es weiter zum **Schloss,** in dem der spätere russische Zar *Peter III.* zur Welt kam. Das Schloss, auf den Grundmauern einer Burg errichtet, wurde im Zweiten Weltkrieg fast völlig zerstört. Nur der Westflügel blieb erhalten. Der neue Backsteinbau hat zwar die Größe des ehemaligen Schlosses, aber mit dem ehemaligen Aussehen kaum noch etwas zu tun.

Ein kurzer Weg führt durch die Burgstraße zur Dänischen Straße. Hier steht der einzige erhaltene Adelshof Kiels, der **Warleberger Hof.** Er beheimatet das Stadtmuseum mit Ausstellungen zur Stadt- und Landesgeschichte. Zu besichtigen sind auch die historischen Räume und der Gewölbekeller.

- Stadtmuseum Warleberger Hof, Dänische Str. 19, Tel. +49 (0) 431 9013425, geöffnet: täglich 10–18 Uhr, Eintritt: 2 €

Der Dänischen Straße Richtung Innenstadt folgend, findet man in der Falkstraße Kiels ältestes Gebäude, das **Franziskanerkloster.** Viel ist von dem 1241 gegründeten Kloster nicht mehr zu sehen. Der Turm, ein Teil des Kreuzganges und das Refektorium sind zu besichtigen. Seit 1999 ertönt vom Turm ein Glockenspiel, das von Kieler Bürgern gestiftet wurde.

Am Ende der Dänischen Straße öffnet sich der **Alte Markt,** beherrscht von der Nikolaikirche. Vor der Kirche steht die Skulptur „Der Geistkämpfer" von *Ernst Barlach.* Der 1870 in Wedel, Holstein, geborene *Barlach* war Schriftsteller, Zeichner und Bildhauer. Er schuf Mahn- und Ehrenmale, die nach 1933 als „entartete Kunst" aus der Öffentlichkeit entfernt wurden. Im Inneren sind der Hochaltar und das Triumphkreuz sehenswert.

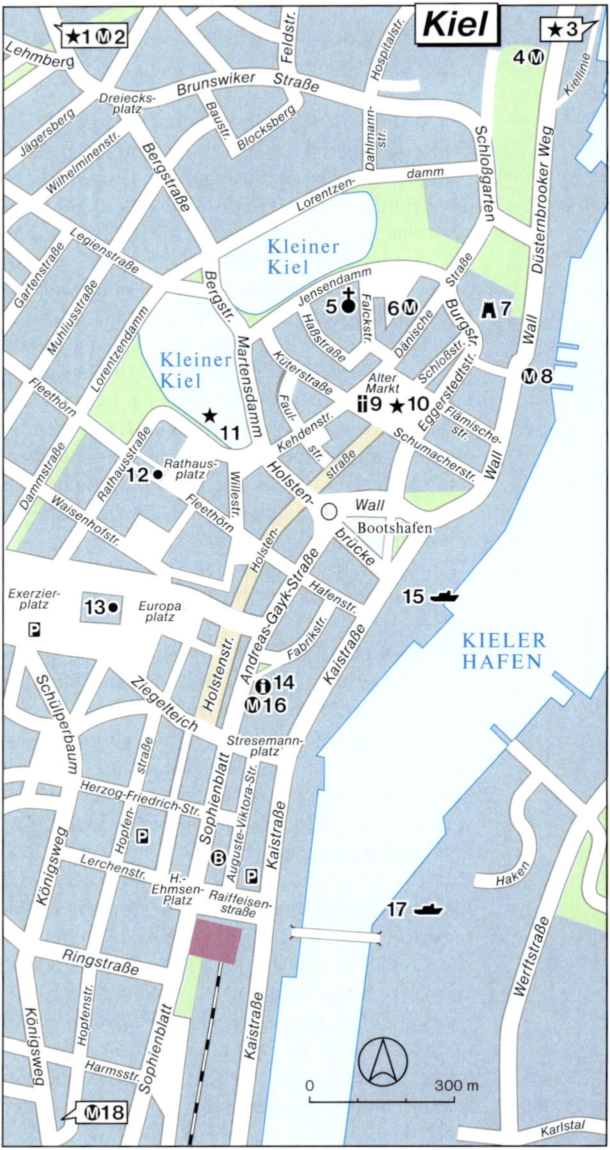
Kiel
★1 M2
★3
4 M
Lehmberg
Feldstr.
Hospitalstr.
Kiellinie
Brunswiker Straße
Dreiecks-platz
Baustr.
Blocksberg
Jägersberg
Wilhelminenstr.
Bergstraße
Dahlmann-str.
Schloßgarten
Düsternbrooker Weg
Lorentzen-damm
Kleiner Kiel
Legienstraße
Gartenstraße
Jensendamm
5
Falckstr.
6 M
Straße
7
Bergstr.
Muhliusstraße
Lorentzendamm
Haßstraße
Dänische
Burgstr.
Wall
Kleiner Kiel
Martensdamm
Küterstraße
Alter Markt
Schloßstr.
M8
Fleethörn
Faul-str.
i9 ★10
Eggerstedtstr.
Flämische-str.
★ 11
Kehdenstr.
Schumacherstr.
Wall
Dammstraße
Rathausstraße
12
Rathaus-platz
Willestr.
Holsten-straße
Wall
Bootshafen
Waisenhofstr.
Fleethörn
Holsten-
brücke
Andreas-Gayk-Straße
Hafenstr.
Exerzier-platz
13
Europa platz
15
KIELER HAFEN
Fabrikstr.
Kaistraße
Holstenstr.
Schülperbaum
Ziegelteich
i14
M16
Stresemann-platz
straße
Herzog-Friedrich-Str.
Sophienblatt
Auguste-Viktora-Str.
Kaistraße
Hopfen-
Königsweg
Lerchenstr.
B
H.-Ehmsen-Platz
Raiffeisen-straße
Haken
17
Werftstraße
Ringstraße
Königsweg
Hopfenstr.
Sophienblatt
Kaistraße
0
300 m
Harmsstr.
M18
Karlstal

Legende zum Cityplan Kiel

★	1	Nord-Ostsee-Kanal	★	10	„Geistkämpfer"
Ⓜ	2	Kanal-Modell-Museum	★	11	Kleiner Kiel
★	3	Aquarium	•	12	Rathaus
Ⓜ	4	Kunsthalle	•	13	Ostseehalle
♁	5	Franziskanerkloster	ⓘ	14	Touristeninformation
Ⓜ	6	Stadtmuseum Warleburger Hof	⛴	15	Schiffsanleger, Schwedenkai
♜	7	Schloss	Ⓜ	16	Stadtgalerie
Ⓜ	8	Schifffahrtsmuseum	⛴	17	Norwegenkai
⛪	9	St.-Nikolai-Kirche	Ⓜ	18	Freilichtmuseum Molfsee

Vom Alten Markt, der Kehdenstraße folgend, gelangt man zum **Kleinen Kiel.** Das Gewässer war einst ein Teil der Kieler Förde. Im Park mit seinen alten Bäumen laden Bänke zum Ausruhen ein.

Am Opernhaus vorbei geht es weiter zum **Rathaus,** dem Wahrzeichen der Stadt. Wer möchte, kann den 67 m hohen Turm besteigen und den großartigen Blick auf die Stadt und die Förde genießen. Auf dem Rathausvorplatz steht ein gläsernes Oktagon (Achteck), in dem während der olympischen Segelwettbewerbe von 1972 das olympische Feuer brannte.

Entlang der Waisenhofstraße geht es Richtung Europaplatz mit der Ostseehalle, die für Veranstaltungen genutzt wird. Vom Europaplatz zweigt die Schevenbrücke ab, die zur **Holstenstraße** führt. Sie ist eine der ältesten Fußgängerzonen Deutschlands.

Nach einem Einkaufsbummel bis zum Bremer Platz geht es über die Hafenstraße zurück zum Schwedenkai.

Für den Rundgang sollten ca. 2 Stunden reserviert werden.

Landpartie

Im Stadtteil Kiel-Holtenau endet bzw. beginnt der **Nord-Ostsee-Kanal.** Die meistbefahrene künstlich geschaffene Wasserstraße der Welt wurde 1887 gebaut. Der 98 km lange Kanal, der die Ostsee mit der Nordsee verbindet, hat damals 156 Mio. Reichsmark gekostet. Von der Aussichtsplattform an der Neuen Schleuse kann das Schauspiel des Durchschleusens beobachtet werden. Festmacher vertäuen die Schiffe, Schiffsausrüster beliefern sie – vom großen Containerschiff bis zum Küstenboot – mit benötigten Kleinigkeiten. Im benachbarten Museum gibt es Schautafeln und Informationen zum Kanal. Die Besichtigung der Schleuse dauert ca. 1,5 Stunden und findet täglich um 9, 11, 13 und 15 Uhr statt. Für das Museum sollten 30–45 Minuten eingeplant werden. Zu erreichen ist der Kanal in ca. 20 Minuten mit der Buslinie 91 vom Hauptbahnhof.

Die Zeit steht still im **Museumsdorf Molfsee.** Auf dem großen Gelände sind über 60 Häuser, Mühlen und Katen aus den verschiedenen Regionen Schleswig-Holsteins aufgebaut. In den Häusern sind die typischen Möbel, Arbeitsgeräte und der Hausrat ausgestellt. Haustiere und Gärten vervollständigen den idyllischen Eindruck. Wer nicht so gut zu Fuß ist, kann die Anlage bequem mit der Museumsbahn erkunden.

- Freilichtmuseum Molfsee, Hamburger Landstr. 97, 24113 Molfsee, Tel. +49 (0) 431 659660, geöffnet: tgl. 9–18 Uhr, Eintritt: 7 €. Anfahrt: mit Bussen der KVG ab Hauptbahnhof. Der Rundgang dauert ca. 3 Stunden.

Fördefahrt nach Laboe. Die Vergangenheit der Marine kann man bei einem Besuch des monumentalen Marine-Ehrenmals mit 87 m hohem Turm und Aussichtsplattform erkunden. Von hier blickt man weit über die Kieler Förde. Am Strand kann man in einem U-Boot (U 995/1943) das Leben und Arbeiten der Besatzung auf engstem

Raum nachempfinden. Der Ausflug beginnt mit der Fährfahrt nach Laboe und endet am Anleger Kiel-Bahnhofskai. Abfahrt: ab Bahnhofsbrücke. Die Fahrt wird von der Tourist-Information zum Preis von 25 € angeboten. Die Zeiten für Hin- und Rückfahrt sowie die Dauer des Aufenthaltes können frei gewählt werden. Die Fähre benötigt ca. 1 Stunde pro Richtung. Abfahrt ab Kiel: 10.40, 12.45, 14 Uhr. Rückfahrt ab Laboe: 13.50, 15, 16.05, 17.15 und 18.15 Uhr. Es sollten ca. 3–4 Stunden eingeplant werden.

Fahrstuhl
Im Marinedenkmal fährt ein Lift zur Aussichtsplattform.

Das Besondere

- **Das Aquarium.** Vor dem Aquarium tummeln sich in einer Anlage Seehunde. Innen wird in über 30 Becken das Leben in Nord- und Ostsee gezeigt. Eine Besonderheit ist das Rundbecken mit einem Heringsschwarm. Bunter sieht es in den Becken mit Fischen aus den Korallenmeeren aus. Aquarium, Düsternbrooker Weg 20, 24104 Kiel, Tel. +49 (0) 431 6001637, www.aquarium-kiel.de, geöffnet: tgl. 9–19 Uhr, Eintritt: 1,60 €. Zu erreichen ist das Aquarium zu Fuß entlang der Förde, Dauer: ca. 25 Minuten, oder mit der Buslinie 41 vom ZOB an der Westseite des Hauptbahnhofs bis Haltestelle Schwanenweg. Fahrzeit: ca. 10 Minuten.

Touren

- **Individuelle Stadtrundfahrten.** Touren mit dem Taxi werden von der Tourist-Information arrangiert. Abfahrt ist zu jeder Zeit am Büro der Tourist-Information, Preis: 15 € bei mindestens 2 Personen.
- **Kiel vom Wasser.** Von einem Fördeschiff kann Kiel vom Wasser aus betrachtet werden. Treffpunkt ist die Bahnhofsbrücke, vom Schwedenkai nach links. Das Schiff fährt tgl. außer freitags um 11, 13 und 15 Uhr. Dauer: ca. 2 Stunden, Preis: 11 €. Tickets gibt es direkt am Anleger.
- Jeden Mittwoch beginnt um 14 Uhr an der Tourist-Information ein **geführter Stadtrundgang.** Es geht durch die Kieler Altstadt und ein Abste-

cher führt zum Schifffahrtsmuseum. Der Rundgang endet in einer Kieler Brauerei bei Imbiss und Bier. Preis: 9 €.

Infos

- **Tourist-Information Kiel,** Andreas-Gayk-Str. 31, 24103 Kiel, Tel. +49 (0) 431 679100 (0,12 €/Min.), geöffnet: Mo.–Fr. 9–18 Uhr, Sa. 10–14 Uhr, E-Mail: info@kurskiel.de, www.kiel-tourist.de, www.kiel.de

Autovermietung

- **Europcar,** Königsweg 40 (hinter dem Hbf.), 24114 Kiel, Tel. +49 (0) 1805 8000
- **Avis,** Bollhörnkai 1, 24103 Kiel, Tel. +49 (0) 431 981590

Einkaufen

Was wäre Kiel ohne Sprotten? Aber bei der Tourist-Information gibt es eine besondere Art. In einem Holzkistchen sind 50 g **Kieler Sprotten** aus Vollmilchschokolade verpackt. Preis: 3,50 €.

Einkaufen, auch bei Regenwetter, ermöglicht der glasüberdachte Sophienhof gegenüber des Hauptbahnhofs.

Neustadt in Holstein

Nach Neustadt wird getendert. Die Tenderboote benötigen bis zur Anlegestelle in Pelzerhaken ca. 10–15 Min.

Kurz und bündig

Graf *Otto IV.* gründete 1244 Neustadt als „Neue Stadt" von Altenkrempe. Der Ort liegt weiter landeinwärts am Binnenwasser, das sich wie ein Fjord ins Land zieht. Im Mittelalter gehörte Neustadt zwar nicht zur Hanse, war aber ein wichtiger Hafen für holländische und dänische Schiffe. Von hier wurde eines der Haupthandelsgüter – gesalzener Hering – verschifft. Heute ist Neustadt zusammen mit Pelzerhaken und Rettin ein Wassersportzentrum an der Lübecker Bucht. Für das ZDF ist die Landschaft um Neustadt die passende Ku-

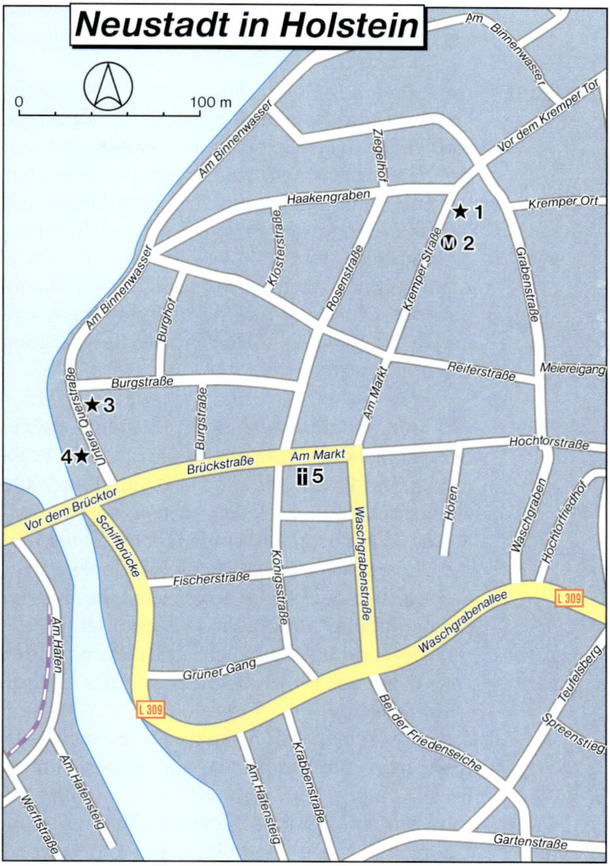

Legende zum Cityplan Neustadt in Holstein

★	1	Kremper Tor mit Ostholstein-Museum	★	3	Hoff'scher Speicher
Ⓜ	2	Cap-Arcona-Museum	★	4	Pagodenspeicher
				5	Markt mit Stadtkirche

lisse für die Serie „Küstenwache". Und die Stadt ist der Heimathafen der „MS Deutschland".

In die Stadt Von Pelzerhaken fahren Pendelbusse in 10 Minuten nach Neustadt i. Holstein.

Rundgang Der Rundgang durch den gemütlichen Ort beginnt am **Marktplatz.** Er bildet mit Rathaus und Stadtkirche der Mittelpunkt. Den Marktplatz ziert das „Fischerdenkmal", das von der Reederei Deilmann 1994 gestiftet wurde. Die **Stadtkirche,** das älteste Gebäude, gibt es bereits seit der Gründung Neustadts im Jahre 1244. Die Kirche ist eine dreischiffige Backsteinhalle mit schönen Ausmalungen, die sich bis 1350 zurückdatieren lassen. Ungefähr 20 Minuten sollten für die Besichtigung eingeplant werden.

Am Markt beginnt auch die Fußgängerzone mit der Hochtorstraße und der Kremper Straße. Während in der Hochtorstraße Cafés und Geschäfte zu einem Bummel einladen, sollte in der Kremper Straße unbedingt das **Kremper Tor** besichtigt werden. Es ist das einzige erhaltene Stadttor Holsteins außerhalb Lübecks. Das Tor, das auf die Zeit der Stadtgründung zurückgeht, wurde im Jahre 1907 renoviert und bekam bei dieser Gelegenheit den Treppengiebel. Im Tor befindet sich das **Ostholstein-Museum** mit Ausstellungen zur Frühgeschichte Schleswig-Holsteins. Aber nicht nur 6500 Jahre alte Fundstücke sind zu besichtigen. Es gibt auch Heimatstuben mit Einrichtungen aus Pommern, Ostpreußen und Schlesien. Zum Gedenken an die Versenkung der **Cap Arcona** am 3. Mai 1945 mitsamt der sich zu diesem Zeitpunkt an Bord befindlichen KZ-Häftlinge ist in einem Nebengebäude das **Cap-Arcona-Museum** untergebracht.

- Ostholstein-Museum, Im Krempertor, 23730 Neustadt i. Holstein, Tel. +49 (0) 4561 558424, www.modellskipper.de, geöffnet: Di.–So. 10–12 Uhr und 15–17 Uhr, Eintritt: 1,50 €
- Cap-Arcona-Museum, geöffnet: Di.–So. 10–12 Uhr und 15–17 Uhr, Eintritt: frei

▶ Blick auf Neustadt in Holstein

Straßen
Die Straßen sind wie ein Gitter angelegt, was eine Orientierung sehr vereinfacht.

Nach links führt der Haakengraben zum **Binnenwasser.** Am Wasser angekommen, führt die Straße Am Binnenwasser nach links am Ufer entlang. Das Gebiet wurde wegen seiner Bedeutung als Brut- und Rastplatz für viele Vogelarten unter Naturschutz gestellt. An der Unteren Querstraße steht der **Hoff'sche Speicher.** Das Gebäude wurde im Jahre 1828 vom Kaufmann *Jansen* gebaut. Etwas weiter steht der **Pagodenspeicher.** Eigentlich handelt es sich um einen Kornspeicher, der aber wegen seines asiatischen Aussehens von den Einwohnern diesen Namen erhielt. Korn wird hier nicht mehr gelagert, vielmehr lädt ein Café zum Verschnaufen ein.

Mit Blick auf den Hafen mit Fährschiffen, Booten und Jachten geht es wieder zurück zum Markt. Für den Rundgang sollten 2½ Stunden eingeplant werden.

Landpartie Wer nicht mit dem Pendelbus fahren möchte, kann auf einem **Wanderweg** von Pelzerhaken

013lg Foto: wi, Malte Tychsen, www.wikipedia.de

nach Neustadt laufen. Zuerst kann auf der Promenade noch etwas flaniert oder von der Seebrücke den Schiffen nachgesehen werden. Der Weg von Pelzerhaken nach Neustadt führt durch Wiesen und Felder am Strand entlang. Die Strecke ist ca. 4 km lang.

Neustadt liegt nicht nur an der Ostseeküste, sondern auch in unmittelbarer Nachbarschaft zur **Holsteinischen Schweiz** mit ihren Wäldern und Seen. An Bord der Weißen Flotte lassen sich fünf Seen, verbunden durch schmale Durchfahrten, erkunden. Die „MS Dieksee" legt zwischen 10 und 16 Uhr zu jeder vollen Stunde in Malente ab. Die gemütliche Fahrt durch die stille Natur dauert ungefähr zwei Stunden. Der Preis für die Rundfahrt beträgt 9 €. An Bord gibt es Kaffee und Kuchen sowie - bei Fahrten ab 12 Uhr - deftige Eintöpfe. Die Fahrt mit dem Bus von Neustadt nach Malente dauert ca. 50 Min. und kostet 5 € für eine einfache Fahrt.

Das Besondere

Golfclub Brodauer Mühle auf Gut Beusloe. Der Golfplatz ist knapp 4 km von Neustadt entfernt. In hügeliger Landschaft liegt der 18-Loch-Platz, ein 9-Loch-Kurzplatz und eine Driving Range sind ebenfalls vorhanden. Fahrzeit: etwa 10 Minuten von Neustadt mit dem Taxi. Gäste sind willkommen. Preisauskünfte gibt Frau *Witt* aus dem Sekretariat.

- Golfclub Brodauer Mühle, Baumallee 14, 23730 Gut Beusloe, Tel. +49 (0) 4561 8140, www.gc-brodauermuehle.de

Tennis Club Grün Weiß e. V. Bei einem Match lassen sich einige Kalorien abarbeiten. Der Klub freut sich auf Gäste, bittet aber um vorherige Anmeldung.

- Tennis Club Grün Weiß e. V., Haltweg 26, 23730 Neustadt i. Holstein, Tel. +49 (0) 4561 17730

Infos

- **Tourist-Information,** Am Markt 1, 23730 Neustadt i. Holstein, Tel. +49 (0) 4561 619556, geöffnet: Mo.–Fr. 10–13 Uhr und 14–18 Uhr, Sa. 10–13 Uhr, So. geschlossen, E-Mail: info@neustadt-holstein.de, BB@neustadt-ostsee.de, www.neustadt-holstein.de, www.neustadt-ostsee.de

Autovermietung

- **Hertz Autovermietung,** Eutiner Str. 53, 23730 Neustadt, Tel. +49 (0) 4561 39680
- **Dirk Reimer,** Waschgrabenstr. 19, 23730 Neustadt, Tel. +49 (0) 4561 6519

Rügen

Kurz und bündig

Vor der pommerschen Ostseeküste liegt die größte Insel Deutschlands (974 km^2). Nur ein Kilometer trennt die Insel vom Festland, mit dem sie seit 1936 durch den Rügendamm verbunden ist. Die vier Städte und 41 Gemeinden haben zusammen etwa 77.000 Einwohner. Ihren Namen erhielt die Insel von den germanischen Rugiern, die einst hier siedelten. Die Insel ist durch Buchten und Halbinseln stark gegliedert. Auf der Halbinsel Jasmund liegt die höchste Erhebung, der Piekberg, mit 161 m. Der Königsstuhl, 118 m, ist das Wahrzeichen Rügens.

- Informationen über Rügen sind erhältlich bei der Touristenzentrale Rügen, Bahnhofstr. 15, 18528 Bergen, Tel. +49 (0) 3838 807780, geöffnet: Mo.–Fr. 8–18 Uhr, Sa. geschlossen, E-Mail: info@ruegen.de, www.ruegen.de

014lg Foto: wi, Simon Eugster, www.wikipedia.org

◄ Steilufer des Nationalparkes Jasmund

0151g Foto: wi, Olaf Meister, www.wikipedia.org

▶ Kurhaus in Binz

Binz

Nach Binz wird getendert.

Kurz und bündig

Binz, das größte Seebad der Insel Rügen, liegt zwischen Ostsee und Schmachter See. Der Ort wurde 1318 zum ersten Mal erwähnt. Die ersten Badegäste wohnten 1860 im Dorfkrug. 1876 wurde das „Strandhotel" als erstes Hotel für Badegäste geöffnet. Seit 1884 ist Binz offiziell Badeort. Die Seebrücke, 370 m lang, wurde 1994 eröffnet.

In die Stadt

Die Stadt beginnt direkt an der 1994 eröffneten, 370 m langen Seebrücke.

Rundgang

Seit über 100 Jahren lädt die Strandpromenade zum Spaziergang ein. Der Weg führt vorbei an Hotels und Villen mit reich verzierten Veranden, Balkonen und Türmchen.

Rechts von der Seebrücke, auf dem **Kurplatz,** laden Konzerte zum Verweilen ein. An den Verkaufsständen kann nach Keramik, Bernstein und Kunst gestöbert werden.

Die Hauptstraße, praktisch die Verlängerung der Seebrücke, bietet weitere Einkaufsmöglichkeiten. Am Ende der Hauptstraße führt die Schmachter-

Deutschland

See-Straße zum **Park der Sinne** am Schmachter See. Der Park bietet einen Themengarten, Wasserspiele, Blumenbeete und die Möglichkeit, Pflanzendüfte zu erkunden.

Am See entlang kann in der Bahnhofstraße noch das alte Binz besichtigt werden. Kleine, reetgedeckte Fischerhäuser haben sich über die Zeit gerettet.

Eine weitere Möglichkeit, die Seele baumeln zu lassen, bietet der **Kurpark** im Zentrum. Ruhezonen mit Springbrunnen laden zum Verweilen ein. Möglichkeiten zur sportlichen und geistigen Betätigung bieten die Boccia-Bahn und die Schachfelder. Müde Füße können in der Kneippanlage erfrischt werden.

Für den Rundgang sollten etwa 1½–2 Stunden eingeplant werden.

Landpartie

Landpartie nach Putbus

Die Landpartie beginnt mit einer nostalgischen Bahnreise. Von Binz fährt der **„Rasende Roland"** in die alte Residenzstadt Putbus. Mit 30 km/h „rast" der Dampfzug durch die Landschaft.

- Der Zug verkehrt alle zwei Stunden, die Hin- und Rückfahrkarte kostet 7,20 €, http://ruegensche-baederbahn.de

016lg Foto: wi, www.wikipedia.org

▶ Weiße Gebäude sind typisch für die Stadtarchitektur von Putbus

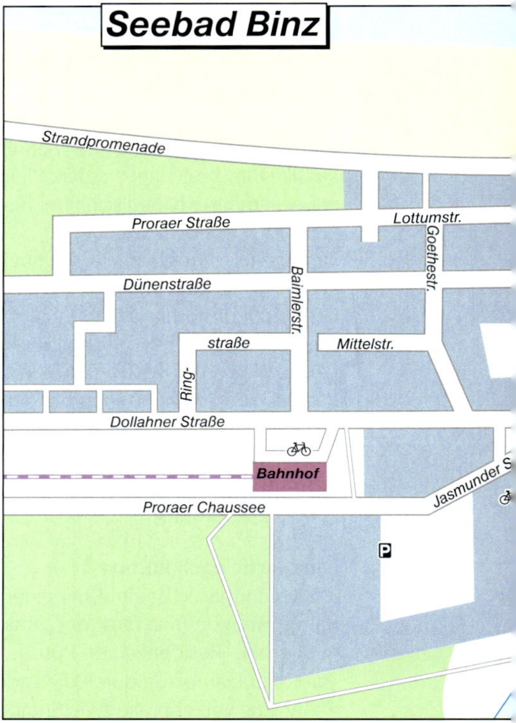

In **Putbus** fallen sofort die weißen Gebäude auf, die der Stadt den Beinamen „Weiße Stadt" einbrachten.

Die fürstliche Residenz wurde nach englischem Vorbild erbaut. Im Nordosten bilden die klassizistischen Häuser mit davor gepflanzten Rosen den **Circus.** Standesgemäß wohnten hier die Gäste des Fürsten.

- Es werden Stadtführungen angeboten: Tourist Service Putbus, Alleestr. 5, Tel. +49 (0) 38301 431, www.putbus.de

Am Marktplatz liegt Rügens einziges Theater. Mit schmiedeeisernen Balustraden, Fürstenloge und

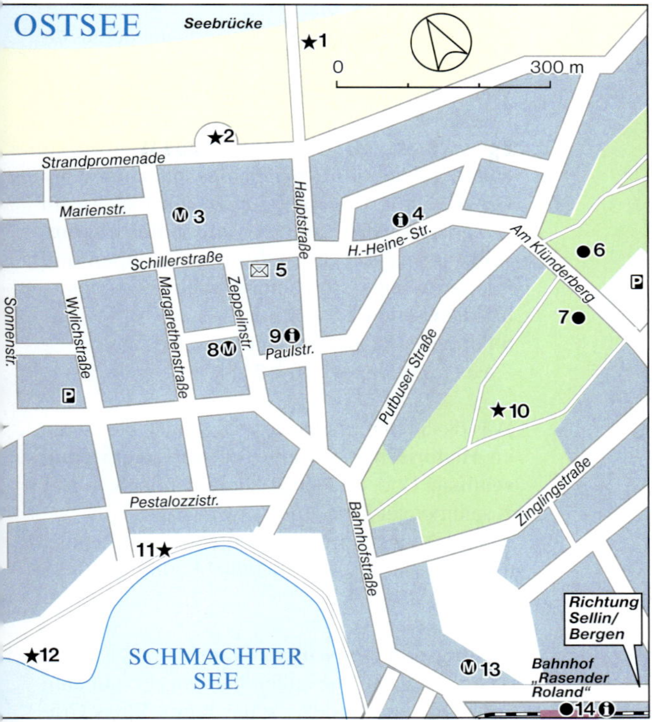

Legende zum Cityplan Binz

★	1	Seebrücke	ℹ	9	Fremdenverkehrsverein
★	2	Kurplatz mit Musikpavillon	★	10	Kurpark
Ⓜ	3	Fälschermuseum	★	11	Park der Sinne
ℹ	4	Kurverwaltung	★	12	Fischerhäuser
✉	5	Post	Ⓜ	13	Pommersches Kleinstubenmuseum
●	6	Abenteuerspielplatz	●	14	Bahnhof „Rasender Roland“
●	7	Tennis			
Ⓜ	8	Hist. Museum Binz			

Holzstühlen im Parkett bietet es 250 Zuschauern Platz. An spielfreien Tagen gibt es Führungen.

- Theater Putbus, Markt 13, Tel. +49 (0) 38301 8080, www.theater-putbus.de

Vom ehemaligen Schloss ist nur noch die Terrasse erhalten. *Walter Ulbricht* ließ das Schloss abreißen, es passte nicht ins sozialistische Weltbild. Erhalten geblieben ist der **Schlosspark** mit alten Gingko- und Mammutbäumen. Im Park ist im „Affenhaus" das **Puppen- und Spielzeugmuseum** untergebracht. Teddys, 400 Puppen und Puppenstuben lassen Kindheitsträume wieder lebendig werden.

- Puppen- und Spielzeugmuseum, Kastanienallee, geöffnet: tgl. 10–18 Uhr

Was die Stunde geschlagen hat, zeigen die Uhren im **Historischen Uhren- und Musikgerätemuseum** an. Über 600 Einzelstücke hat der Sammler zusammengetragen.

- Historisches Uhren- und Musikgerätemuseum, Alleestr. 13, Tel. +49 (0) 38301 60988, geöffnet: tgl. 10–18 Uhr

Ausflug

Ausflug zum Jagdschloss Granitz

Nur 2 km von Binz entfernt erhebt sich auf dem 107 m hohen Tempelberg das **Jagdschloss Granitz.** Im Jahre 1836 wurde es von *Malte I. zu Putbus* in Auftrag gegeben. Das rechteckige Gebäude wird von einem 38 m hohen Turm überragt. Im Inneren führen 154 Stufen zu einer Aussichtsplattform. Ein wunderschöner Rundblick belohnt die Kletterei. Das Schloss ist heute Museum. Zu besichtigen sind Salons, Speisezimmer und das Jagdmuseum. Es zeigt – neben wechselnden Ausstellungen – Jagdgewehre und Geweihe.

- Museum Jagdschloss Granitz, geöffnet: Mai–Sep. 9–18 Uhr. Der Eintritt kostet 3 €. Das Schloss ist mit dem Funktaxi Binz, Tel. +49 (0) 38393 2424, oder mit dem Mietwagen (s. „Autovermietung"), Tel. +49 (0) 38393 666380, zu erreichen.

Das Besondere

Lohnenswert ist ein Besuch des **Historischen Museums.** Der Besucher wird in die Zeit um 1900 versetzt. Gezeigt werden ein Pensionszimmer, eine Fischerstube und die Bademode aus dieser Zeit.

- Historisches Museum Binz, Zeppelinstr. 8, 18609 Binz, Tel. +49 (0) 38393 50222, geöffnet: Di.–So. 10–18 Uhr, rollstuhlgeeignet. Eintritt: 3,50 €.

Infos

- **Kurverwaltung,** Heinrich-Heine-Allee 7, 18609 Binz, Tel. +49 (0) 38393 148148, geöffnet: Mo.–Fr. 9–18 Uhr, Sa.–So. 10–18 Uhr, E-Mail: info@ostseebad.binz.de

Autovermietung

- **Auto Sixt,** Proraer Chaussee 5, 18608 Ostseebad Binz, Tel. +49 (0) 38393 666380

Einkaufen

- Frisch aus dem Rauch und oft noch warm wird der Fisch am **Fischerstrand** angeboten. Von der Seebrücke nach links Richtung RT 1 (Abgang 1).
- Ein Souvenir der besonderen Art ist eine Flasche Kirschwasser aus der **Ersten Edeldestillerie** in Ummanz. Zu kaufen gibt es die edlen Tropfen bei Montevino, Paulstr. 1, rechts von der Hauptstraße, www.1ste-edeldestillerie.de

Öffnungszeiten

In der Hauptsaison, Mai–Sep., sind die Geschäfte an 7 Tagen geöffnet.

Sassnitz

Nach Sassnitz wird getendert. Die Schiffe bzw. die Tenderboote machen im Stadthafen fest.

Kurz und bündig

Sassnitz wurde 1584 zum ersten Mal geschichtlich erwähnt. 1825 wurde es zum Badeort. Im Laufe der Zeit verbrachten viele Berühmtheiten den Sommer in Sassnitz, unter ihnen z. B. *Johannes Brahms.* Die Stadt war einst das Zentrum der ostdeutschen Hochseefischerei. Zeitweise gehörten 200 Fischkutter zum Fischkombinat, davon sind

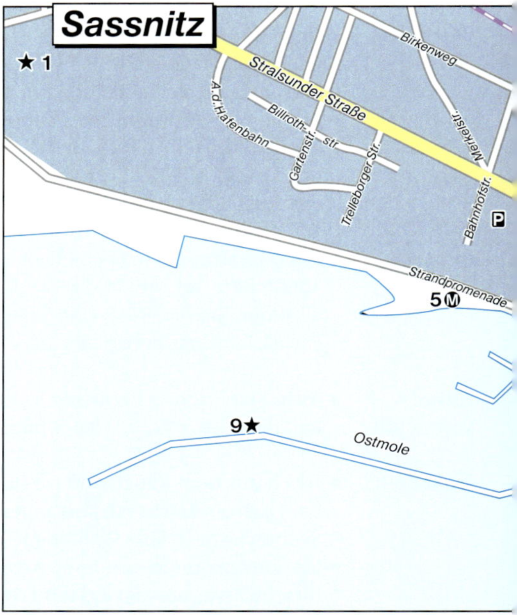

noch 20 übrig geblieben. Vom 5 km entfernten Seehafen legen die Schiffe nach Skandinavien, ins Baltikum und nach Russland ab. Mit ca. 10.700 Einwohnern ist Sassnitz nach Bergen der zweitgrößte Ort der Insel. Die Stadt ist der ideale Ausgangspunkt für Ausflüge in den Nationalpark Jasmund mit Kreideküste und Königsstuhl.

In die Stadt Von der Anlegestelle sind es nur wenige Schritte in die Stadt.

Rundgang Der Hafen ist schon die erste Sehenswürdigkeit. Von Europas längster Außenmole geht der Blick auf Fischerboote, elegante Jachten und Fahrgastschiffe. Wer möchte, kann von hier gleich auf einem Kutter in See stechen, um die Kreideküste zu besichtigen.

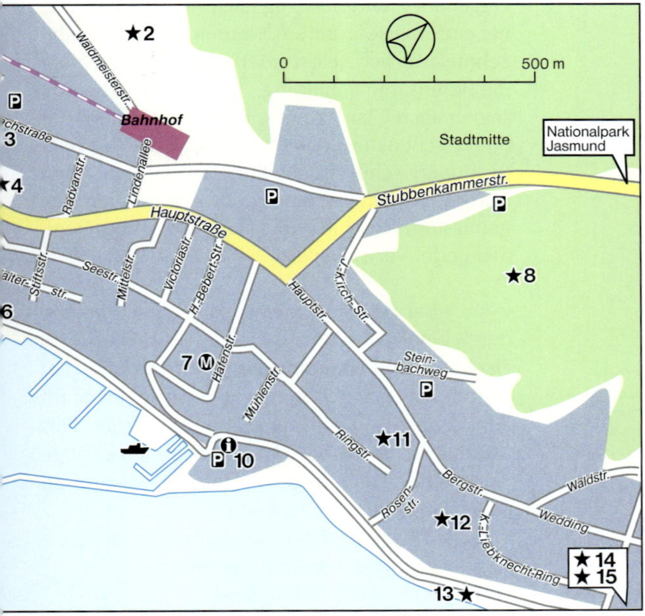

Legende zum Cityplan Sassnitz

★	1	Schmetterlingspark Merkurius	★	9	Europas längste Außenmole
★	2	Hünengrab	i	10	Touristservice
i	3	Touristservice	★	11	Kurplatz
★	4	Markt	★	12	Alter Markt
M	5	Museum für Unterwasserarchäologie	★	13	Hochuferweg zum Königsstuhl
M	6	Fischerei- u. Hafenmuseum	★	14	Findling „Klein Helgoland“
M	7	U-Boot-Museum	★	15	Zum Schloss Dwasieden
★	8	Tiergarten			

Am Ende der Mole beginnt rechts die Strandpromenade. Sonne, Wind und Ruhe können auf der wieder aufgebauten Seebrücke genossen werden.

Gegenüber führt der Weg nach **Alt-Sassnitz.** Früher ein Touristenzentrum, wurden die Häuser jahrzehntelang sich selbst überlassen. Jetzt beginnt die behutsame Sanierung, Alt-Sassnitz bekommt seinen alten Glanz zurück. Die Häuser im Stil der Bäderarchitektur strahlen wieder ganz in Weiß. Besonders schön ist die Gegend um den **Alten Markt.** Die Straßen und Gehwege wurden neu gepflastert, Geschäfte und Cafés laden zum Bummeln oder Verweilen ein.

Wer lieber an Land bleibt, sollte den Bummel durch einen Museumsbesuch unterbrechen. Das **Fischerei- und Hafenmuseum** am Stadthafen hat es sich zur Aufgabe gemacht, Sassnitz als Stadt der Fischerei und der Fährschiffe darzustellen. Das Museumsschiff „Havel" vor dem Museum ist original restauriert. Führungen zeigen die Arbeits- und Lebensbedingungen der Fischer.

- Fischerei- und Hafenmuseum, Am Stadthafen, www.sassnitz-museum.de, geöffnet: tgl. 10–18 Uhr, Eintritt: 2,50 €

Ein kleines Stück weiter die Straße entlang wartet ein zweites Museum auf einen Besuch. Das **Museum für Unterwasserarchäologie** zeigt, was alles auf dem Meeresboden gefunden wird – z. B. die Gellenkogge, die vor Hiddensee sank. Es gibt auch Einblicke ins Leben am und im Wasser.

- Museum für Unterwasserarchäologie, Alter Fährhafen, Tel. +49 (0) 38392 32300, www.archaeologie-mv.de, geöffnet: Apr.–Okt. 10–18 Uhr, Eintritt: 2,50 €

Am Ende der Hafenstraße wartet der **Schmetterlingspark Merkurius** auf Besucher. In einer großen Halle fliegen Hunderte von Schmetterlingen zwischen tropischen Pflanzen. Ideal auch bei schlechtem Wetter.

- Schmetterlingspark Merkurius, Straße der Jugend 4, www.schmetterlingspark-ruegen.de,

▲ Mole und Leuchtturm von Sassnitz

geöffnet: tgl. 9.30–17.30 Uhr, Eintritt: 6,50 €, Besichtigungsdauer: ca. 2 Stunden.

Für den Rundgang sollten 3 Stunden eingeplant werden.

Landpartie

Ein richtiger Seebär steuert den Hochseekutter **„Kalinin"** von Sassnitz entlang der Kreideküste. Abfahrt: Sassnitzer Mole. Fahrplan: ab Sassnitz 10, 12, 14, 16 Uhr. Fahrtzeit ca. 2 Std. Fahrpreis: 10 €, www.kalinin-sassnitz.de. Fahrkartenverkauf: am Schiff. Bei einem Klönschnack gibt es Wissenswertes über Rügen. Im Angebot sind frischer Räucherfisch, Imbiss und Getränke. **Alle Fahrten ohne Landgang!**

Ganz oben auf der Liste der Sehenswürdigkeiten steht der **Nationalpark Jasmund** mit dem 118 m hohen Königsstuhl. Die Fahrt dorthin kann entweder mit dem Mietwagen oder mit dem Bus unternommen werden. Die Buslinie 19 fährt vom Bahnhof in Sassnitz zum Parkplatz Hagen. Von dort verkehrt ein Pendelbus zum Jasmunds Nationalpark-Zentrum. Die Busse sind für Rollstühle geeignet.

▲ Alte Leuchttürme am Kap Arkona

Am Parkplatz Hagen beginnen von Apr.–Okt. die Wanderungen durch den **Nationalpark Jasmund.** Ranger begleiten die kostenlosen Führungen, bei denen viel Wissenswertes vermittelt wird. Es geht im gemütlichen Tempo zur Viktoriaaussicht mit dem schönsten Blick auf den Königsstuhl.

- Die Führungen dauern ca. 2 Stunden. Anmeldung unter Tel. +49 (0) 38392 661728, www.nationalpark-jasmund.de, www.koenigsstuhl.com

Seit 2004 verfügt der Park über das **Zentrum Königsstuhl.** Auf 2000 m² wird dem Besucher die Natur der Kreideküste nahegebracht. Ein virtueller Flug über den Park kann im Multivisionskino unternommen werden. Am Haupteingang des Zentrums starten auch die Kurzführungen „Kreide, Küste und Meer", die ca. 25 Minuten dauern. Führungen: 11.20, 12.20, 13.20, 14.20 und 15.20 Uhr, Preis: 2 €.

- Nationalparkzentrum Königsstuhl, Stubbenkammer, 18546 Sassnitz, geöffnet ist das

Zentrum tgl. 9–19 Uhr, der Eintritt kostet 6 €, Tel. +49 (0) 38392 661766. Durch Aufzüge können auch Besucher mit Behinderungen alle Räume besuchen. Es sind auch rollstuhlgerechte Toiletten vorhanden.

Anreise Kap Arkona *Das Kap Arkona lässt sich weder in Kombination mit dem Nationalpark noch als separater Ausflug mit öffentlichen Verkehrsmitteln erreichen. Der Besuch ist nur mit einem Mietwagen möglich.*

Im Bistro des Nationalpark-Zentrums gibt es eine Stärkung aus der regionalen Küche für die Weiterfahrt mit dem Mietwagen (s. Hinweis) zum **Kap Arkona.**

Die beiden Leuchttürme weisen den Weg. Der kleinere, der Schinkelturm, ist einer der ältesten Leuchttürme an der Ostseeküste. Von dem Jahr 1828 bis 1902 leitete er die Schiffe sicher durch die gefährlichen Untiefen. Eine Ausstellung im Turm zeigt die Geschichte der Leuchtfeuer. Wer möchte, kann den Turm bis zur Aussichtsplattform erklimmen, um den wunderschönen Panoramablick zu genießen. Der benachbarte Turm, 33 m hoch und weist seit 1902 den Schiffen den Weg. Hinter den Türmen erstreckt sich der Wall. Es handelt sich dabei um die Reste des westslawischen Heiligtums Jaromaburg. Vom Wall geht der Blick weit über das Kap und die Insel. Im nahegelegenen Rügenhof Arkona kann Töpfern und Handwerkern über die Schulter geschaut werden. Besichtigungsdauer ca. 1½–2 Stunden.

Fitness *Reisenden mit fehlender Kondition oder einer Gehbehinderung ist von dieser Tour abzuraten.*

Das Besondere

Entlang der Kreideküste. Besonders reizvoll ist eine Wanderung entlang der Küste. Die Tour beginnt an der Johanniskirche in Alt-Sassnitz und folgt der Straße nach Stubbenkammer. In Höhe der Stubnitz beginnt der Höhenuferweg. Treppen führen hinunter ans Wasser, dann geht es über Stock und Stein Richtung Königsstuhl. Voraussetzung ist allerdings festes Schuhwerk und wetterfeste Kleidung.

Spielreife
Der Platz ist für Anfänger nicht geeignet.

Golfen. Der Golfplatz liegt in Alt-Mukran, direkt an der Ostseeküste auf hügeligem Gelände. Gäste sind jederzeit willkommen, aber ein Klubausweis mit Handicap ist vorzulegen.

- Golfclub Sassnitz e. V., Marktstr. 2, 18546 Sassnitz, Tel. +49 (0) 38392 63210, www.golfaufruegen.de, geöffnet: März–Sep.

Rasender Roland. Der „Rasende Roland" (s. Binz) kann auch bequem von Sassnitz erreicht werden.

- Es verkehrt ein öffentlicher Bus, Linie 20, vom Bahnhof in Sassnitz zum Bahnhof in Binz. Fahrtzeit: 30 Minuten, Tageskarte: 9 €.

Touren

Der **Tourist Service Sassnitz** bietet Stadtrundgänge an. Dauer ca. 1½–2 Stunden, Start: Mole am Stadthafen, Preis: 5 €, Mindestteilnehmerzahl: 2, www.sassnitz.de

Von der Außenmole nach links führt die Hafenstraße zum Stadthafen und zum alten Fischereihafen. Statt zum Fang rauszufahren, warten die Kutter auf Touristen, um von hier die verschiedenen Seebäder und selbstverständlich auch die Kreideküste zu besuchen. Abfahrtszeiten: 10.45, 11.30, 12.25, 14 und 15 Uhr, Dauer des Ausflugs: 1¼ Std. Fahrpreis: 11,50 €, www.reederei-ostsee-tour.de.

017lg Foto: pl, www.pixelio.de

▶ Fischeralltag am Hafen von Sassnitz

Infos

- **Tourist-Service Sassnitz,** Bahnhofstraße 19 a, 18546 Sassnitz, Tel. +49 (0) 38392 6490, geöffnet: Mo.–Fr. 9–17 Uhr, Sa. geschlossen, oder Strandpromenade 12 (am Ende der Mole), Tel. +49 (0) 38392 66945, www.sassnitz.de, www.insassnitz.de, E-Mail: info@sassnitz.de, geöffnet: tgl. 10–15 Uhr

Autovermietung

- **Auto Sixt,** Proraer Chaussee 5, 18608 Ostseebad Binz, Tel. +49 (0) 38393 666380, www.e-sixt.de.
- **Auto Eggert,** Tilzower Weg 23, 18528 Bergen, Tel. +49 (0) 3838 80300, www.auto-eggert.com

Bei rechtzeitiger Anmeldung werden die Mietwagen zum Hafen nach Sassnitz gebracht.

Travemünde

Kurz und bündig

Die Stadtgründung geht auf das Jahr 1187 zurück. Travemünde wurde 1329 zu einem Teil Lübecks und diente als Zollstation für Handelsschiffe. Kriege und Feuer vernichteten mehrmals die Stadt, sie wurde aber immer wieder aufgebaut. 1902 wurde Travemünde Seebad, aus dem ursprünglichen Fischerdorf wurde bald ein mondäner Badeort. Die vornehme Gesellschaft kam gerne nach Travemünde, um Luft und Wasser zu genießen. Noch heute ist die Strandpromenade ein beliebter Treffpunkt mit vielen Sport- und Unterhaltungsmöglichkeiten. Mit dem Skandinavienkai erhielt Travemünde 1962 Europas größten Fährhafen.

In die Stadt

Die Schiffe legen entweder am Skandinavienkai oder am Ostpreußenkai an. Vom Skandinavienkai fährt alle 20 Minuten ein Bus ins Zentrum, Fahrtzeit ca. 10 Minuten. Die Busse halten am Hafenbahnhof (zur Altstadt) oder am Strandbahnhof (Leuchtfeuer, Brodtener Ufer). Beim Ostpreußenkai liegt die Altstadt gleich auf der anderen Straßenseite.

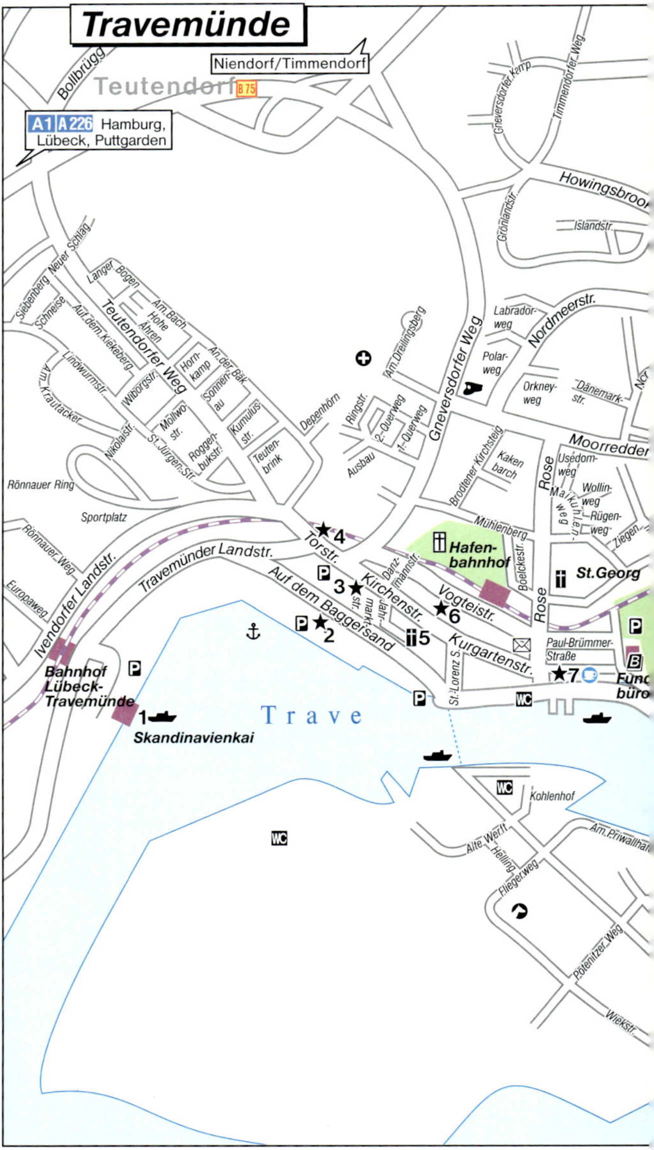
Travemünde
Niendorf/Timmendorf
Teutendorf
B 75
A1 A226 Hamburg, Lübeck, Puttgarden
Bollbrügg
Gneversdorfer Kamp
Timmendorfer Weg
Howingsbrook
Grönlandstr.
Islandstr.
Labrador-weg
Nordmeerstr.
Polar-weg
Orkney-weg
Dänemark-str.
Moorredder
Gneversdorfer Weg
Am Dreilingsberg
Siebenberg
Neuer Schlag
Langer Bogen
Schneise
Auf dem Kiekeberg
Am Bach
Hohe Ähren
Teutendorfer Weg
Lindwurmstr.
Am Krautacker
Wiborgstr.
Horn-kamp
An der Bäk
Sonnen-au
Mollwo-str.
Kumulus-str.
Nikolaistr.
St.-Jürgen-Str.
Roggen-bukstr.
Teuten-brink
Depenhörn
Ringstr.
2. Querweg
1. Querweg
Ausbau
Brodtener Kirchsteig
Kaken-barch
Rose
Usedom-weg
Maikuhlen-weg
Wollin-weg
Rügen-weg
Ziegen-
Rönnauer Ring
Sportplatz
Rönnauer Weg
Europaweg
Ivendorfer Landstr.
Travemünder Landstr.
Torstr.
4
Mühlenberg
Hafen-bahnhof
Boelckestr.
St.Georg
Danz-mannstr.
3
Kirchenstr.
Jahr-markt-str.
Auf dem Baggersand
2
5
6
Vogteistr.
Rose
Paul-Brümmer-Straße
Kurgartenstr.
St.-Lorenz S.
7
Fund büro
Bahnhof Lübeck-Travemünde
1
Skandinavienkai
Trave
Kohlenhof
Am Priwallhafen
Alte Werft
Helling
Fliegerweg
Pötenitzer Weg
Wiekstr.

Rödsaal
Wedenberg
Gneversdorf
Evershof
Distelkrog
Dreebiocken
Parkpl. Kowitzberg
Kowitzberg
FKK
★14 Brodtener Ufer
Steenkamp
Leegerwall
Sibethstr.
Lembkestr.
Niobestr.
Helldahl
Im Beiboot
Strandweg
Strandredder
Am Heck
Backbord
Mittschiffs
Am Fährenberg
Godewind
Steuerbord
★13
Kaiserallee
Godewind-park
Strandbahnhof
11
★12
Heinrich-ppel-Park
Außenallee
Strandpromenade
OSTSEE
Am Leuchtenfeld
★10
Passat
9
Nordermole
Südermole
Dünenweg
Mecklenburger Landstr.
Muschelweg
Wellenschlag
Seeweg
Waldweg
Pötenitz/ Dassow
0
250 m
Legende siehe Seite 58

Legende zum Cityplan Travemünde, S. 56

⛴	1	Anlegestelle	🏨	8	Hotel Maritim mit Leuchtfeuer
★	2	Fischereihafen	Ⓜ	9	Schiff „Passat“
★	3	Ältestes Haus von Travemünde	★	10	Alter Leuchtturm
★	4	Alte Fischerkaten	ℹ	11	Touristeninformation
⛪	5	St.-Lorenz-Kirche	★	12	Casino
★	6	Fischerkaten	★	13	Häuser im Stil der Bäderarchitektur
★	7	Vorderreihe mit der Vogtei	★	14	Brodtener Ufer
☕		und Café Niederegger			

Rundgang Der Rundgang beginnt am **Strandbahnhof.** Geradeaus durch die Bertlingstraße führt der Weg zur Kaiserallee mit dem **Casino.** Das Casino kann nur von außen besichtigt werden, da es erst um 15 Uhr öffnet. Über die Außenallee führt der Weg zum Brügmanngarten, der in die 1908 eröffnete Strandpromenade mündet.

Es geht weiter nach links, entlang der Promenade. Bald ist das Leuchtenfeld mit dem **Alten Leuchtturm** erreicht. Auf acht Etagen zeigt das Museum Modelle von Feuerschiffen und gibt Einblick in die Geschichte der Leuchtfeuer. Von der Außengalerie reicht der Blick über die Altstadt bis zum Skandinavienkai.

Der Leuchtturm wurde um 1330 zum ersten Mal erwähnt. Nach seiner Zerstörung durch die Dänen wurde er, jetzt 31 m hoch, 1539 wieder aufgebaut. Im Jahre 1972 erfolgte seine Abschaltung, da das Hotel Maritim das Leuchtfeuer verdeckte.

- Alter Leuchtturm, Am Leuchtenfeld 1, 23570 Travemünde, geöffnet: Di.–So. 10–18 Uhr, Eintritt: 2 €

Die Straße führt weiter zur Trelleborgallee mit dem **Hotel Maritim.** Der Besuch der Dachterrasse ist ein Muss. Hier blinkt nicht nur mit 117 m das höchste Leuchtfeuer Deutschlands, der Blick über die Stadt und den Fluss Trave ist überwältigend.

- Hotel Maritim, Trelleborgallee 2, 23570 Travemünde, Tel. +49 (0) 4502890, E-Mail: info.trv@maritim.de, www.maritim.de

Die Trelleborgallee führt links zur **Vorderreihe,** Travemündes Einkaufsmeile. Jetzt ist es an der Zeit, im Café Niederegger bei Kaffee, Kuchen und Lübecker Marzipan eine Pause einzulegen.

Unter den Giebelhäusern ist die **Vogtei,** Vorderreihe 7, das bekannteste. Durch das barocke Portal ging einst der Hafenkommandant und Wächter des Leuchtfeuers ein und aus.

Rechts biegt die St.-Lorenz-Straße ab, die zur evangelischen **St.-Lorenz-Kirche** führt. Sehenswert sind der barocke Altar, die Orgel und die ungewöhnliche, da bemalte, Kassettendecke.

▼ Blick auf Travemünde

In der benachbarten Jahrmarktstraße steht das älteste Haus der Stadt. In den umliegenden Straßen,

z. B. Tor- und Kurgartenstraße, sind noch einige der typischen **Fischerkaten** zu sehen. Die Jahrmarktstraße mündet links in den Baggersand am **Fischereihafen.** Statt Kuchen gibt es hier herzhafte Fischbrötchen.

Der Rundgang dauert ohne große Pausen etwa 90 Minuten.

Landpartie Gegenüber der Stadt befindet sich der **Priwall** mit Badestrand und Spazierwegen. Direkt am Traveufer liegt die **„Passat“,** das ehemalige Schulschiff der Handelsmarine. Die Viermastbarke mit dem 56 m hohen Großmast ist seit der Renovierung eine schwimmende Jugendherberge und ein Museum. Das Schiff steht unter Denkmalschutz und ist ein Wahrzeichen Travemündes.

▶ Travemünde: alt neben neu

- Die Fahrt mit der Fähre zum Priwall dauert nur wenige Minuten. Das Schiff liegt: Am Priwall 16a, 23570 Travemünde, Tel. +49 (0) 451 1225202, geöffnet: Mai–Sep. tgl. 10–17 Uhr, Eintritt: 3 €.

Vom Strandbahnhof geht es Richtung Casino (100 m). Hier biegt die Kaiserallee links ab. Vorbei an Häusern im Stil der Bäderarchitektur und 605 Linden, die teilweise 120 Jahre alt sind, führt der Weg rechts zur Strandpromenade. Links geht es dann zum **Brodtener Ufer.** Die über 4 km lange Steilküste mit dem 20 m hohen Ufer von Travemünde bis Niendorf wird ständig von Wind und Wellen verändert. Bis zur Steilküste sind es ca. 2 km Fußweg.

Das Besondere

Sand World. Das Sandskulpturenfestival findet jeden Sommer statt. Aus über 9000 Tonnen Sand werden direkt am Strand zum Teil riesige Skulpturen geschaffen. Die Sand World steht jedes Jahr unter einem anderen Motto, das kurz vor Beginn bekannt gegeben wird. Lassen Sie sich einfach überraschen. Eintritt: 7 €, www.sandworld.de.

Infos

- **Kurbetrieb Travemünde,** Strandpromenade 1b, 23570 Travemünde, Tel. +49 (0) 451 8899700 (0,12 €/Min.); Strandbahnhof, Bertlingstr. 21. Beide Büros geöffnet: Mo.–Fr. 9.30–17.30 Uhr, Sa./So. 10–17 Uhr, www.travemuende.de, www.travemuende-tourismus.de, E-Mail: info@travemuende-tourismus.de

Veranstaltungen

Die **Baltic Sail** findet jährlich in Travemünde statt. Rund 30 Traditionssegler machen am Ostpreußenkai, an der Kaiser- und Überseebrücke und im Fischereihafen fest. Ein Erlebnis für „Seh"-Leute, denn alle Schiffe können auch von innen besichtigt werden. Vom Fischereihafen bis zur Nordermole werden maritime Leckereien angeboten, Schifferklavier-Musik ist zu hören und ein Markt lädt zum Bummeln ein.

Usedom

Kurz und bündig

Nach Rügen ist Usedom die zweitgrößte Insel Deutschlands. Zweigeteilt gehört der größere Teil zu Deutschland, der kleinere Teil zu Polen. Auf der 445 km² großen Insel leben 76.500 Einwohner, davon sind 31.500 Deutsche und 45.000 Polen.

Legende zum Cityplan Ahlbeck

★	1	Seebrücke	Ⓜ	7	Heimatstube
★	2	Historische Uhr		8	Ostseetherme Usedom
ℹ	4	Touristinformation	★	9	Villa Chrissi
★	3	Ahlbecker Hof		10	Hotel Meereswelle
★	5	Villa Bella		11	Ahlbecker Kirche
★	6	Villa Auguste Viktoria			

Ahlbeck

Nach Ahlbeck wird getendert. Die Tenderboote machen an der Seebrücke fest.

In die Stadt Die Stadt schließt gleich an die 280 m lange Seebrücke an.

Rundgang Ahlbeck ist das östlichste der drei Kaiserbäder. Hier beginnt die 8 km lange **Strandpromenade,** die die drei Kaiserbäder Ahlbeck, Heringsdorf und Bansin verbindet. Wie zu Kaisers Zeiten kann promeniert werden. Auf der einen Seite die wundervoll restaurierten Hotels, edlen Restaurants und

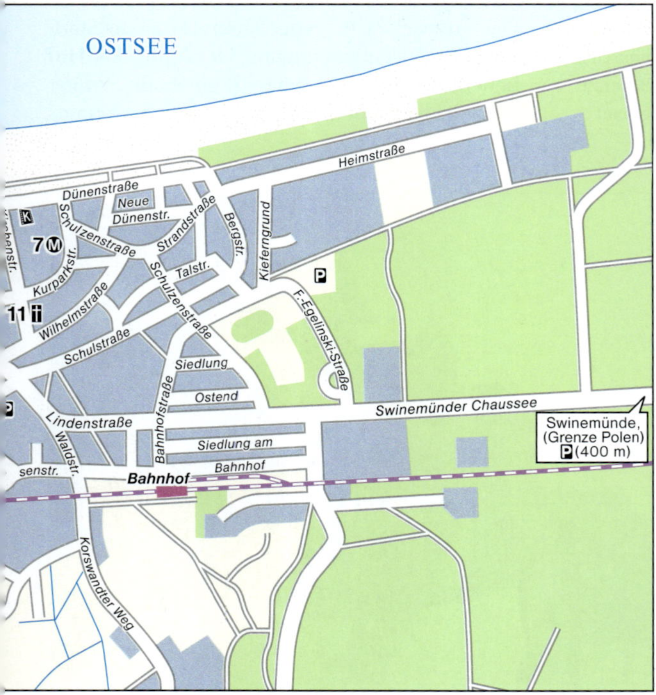

gemütlichen Cafés, auf der anderen Seite der fast endlose Ostseestrand. Gepflegte Blumenbeete, Springbrunnen und Schatten spendende Bäume säumen den Spazierweg.

Regelmäßig stattfindende **Kurkonzerte** erfreuen sich wieder großer Beliebtheit. Den Füßen wird bei Popmusik oder Klassik eine Pause gegönnt. An der Strandpromenade warten Kutschen auf Fahrgäste, die sich ganz traditionell die Promenade entlangfahren lassen möchten. Die zahlreiche Hotels, Pensionen und Villen erstrahlen wieder im Glanz des Bäderstils. Balkone, Erker, Säulen und Türmchen schmücken die Häuser, in denen Adel und Berühmtheiten ihre Sommerfrische verbrachten.

Die historische Uhr an der Seebrücke ist der Startpunkt zur Villenbesichtigung. Der **Ahlbecker Hof** beherrscht die Dünenstraße (Promenade). Weiter entlang der Dünenstraße, in Richtung Herings-

▼ Der Ahlbecker Hof wurde im typischen Bäderstil gebaut

022lg Foto: wi, Sebastian Wallroth, www.wikipedia.org

dorf, erreicht man die **Villa Bella,** dreigeschossig und schneeweiß.

In der rechts abbiegenden Bismarckstraße steht die **Villa Auguste Viktoria,** erbaut zu Ehren der Kaiserin. Über die Kochstraße geht es zur **Villa Chrissi** in der Kaiserstraße.

Wieder zurück Richtung Ortsmitte steht in der Seestraße das Hotel Meereswelle. Weiter auf der Kaiserstraße ist an der Ecke Kurparkstraße der rote Backsteinbau der **Ahlbecker Kirche** nicht zu übersehen. Sehenswert sind der Sandsteinaltar und das hölzerne Gewölbe. Mindestens 15 Minuten für die Besichtigung einplanen.

Ebenfalls in der Kurparkstraße befindet sich die **Heimatstube.** Gezeigt wird die Entwicklung des Ortes vom kleinen Fischerdorf zum Seebad.

- Heimatstube Ahlbeck, Kurparkstr. 4, geöffnet: Mo.–Do. 9–12 Uhr und 14–17 Uhr. Mindestens 45 Minuten einplanen. Von hier geht es zurück zur Promenade und zur Seebrücke.

Der Rundgang dauert ca. 2 Stunden.

Das Besondere

Badelandschaft. Wasserfälle, Sprudelliegen und Badebecken mit einer Wassertemperatur von 30–34 °C laden zum Bad. Nach der Massage geht es ins Bistro mit Salat- und Saftbar.

- Ostseetherme Usedom, Lindenstr. 60, 17419 Seebad Ahlbeck, Tel. +49 (0) 38378 2730, www.ostseetherme-usedom.de, geöffnet: Mo.–Sa. 10–22 Uhr, So. 10–20 Uhr, Eintritt Therme: 2 Std. 14 €, 3 Std. 16 €, Tageskarte 18 €; Eintritt Sauna inkl. Badewelt: 3 Std. 18 €, 4 Std. 20 €, Tageskarte 22 €

Touren

Kutschfahrten. Bis zu 5 Personen passen in eine Kutsche, in der Usedom erkundet werden kann, ortskundige Erklärungen inklusive. Bekannterma-

023lg Foto: wi, www.wikipedia.org

▲ Seebrücke in Ahlbeck

ßen macht auch schauen hungrig, und daher kann eine Einkehr mit Kaffee und Kuchen arrangiert werden.

- Pferdehof Will, Gothenweg 14, 17419 Seebad Ahlbeck, Tel. +49 (0) 38378 28450, E-Mail: mail@pferdehof-will.de, www.pferdehof-will.de

Spaziergang mit Begleitung. *Günter Gehrke* führt Einzelpersonen oder kleine Gruppen durch Ahlbeck.

- Günter Gehrke, Delbrücktr. 21, 17424 Seebad Heringsdorf, Tel. +49 (0) 38378 22939, E-Mail: gfmg21@aol.com

Infos

- **Seeheilbad Ahlbeck,** Dünenstr. 45, 17419 Seebad Ahlbeck, Tel. +49 (0) 38378 499350, E-Mail: ahlbeck@drei-kaiserbaeder.de, www.usedom.de, www.kaiserbaeder.de, geöffnet: ganzjährig Mo.–Fr. 9–18 Uhr, Sa.–So. 10–15 Uhr

Autovermietung

- **Autovermietung Sixt,** Ahlbecker Chaussee 19, 17429 Bansin, Tel. +49 (0) 1805 252525, www.sixt.de

Einkaufen

Fangfrisch. Nahe der Seebrücke verkauft *Uwe Krüger* seinen frisch geräucherten Fang.

- Uwes Fischerhütte, Strandstr. 4, 17419 Seebad Ahlbeck, geöffnet: tgl. 10–17 Uhr

Heringsdorf

Nach Heringsdorf wird getendert. Die Tenderboote machen an der Seebrücke fest.

In die Stadt

Die Stadt beginnt gleich an der Seebrücke.

Rundgang

Heringsdorf ist das älteste und bekannteste der Kaiserbäder. Bereits 1824 wurde die erste Badeanstalt geöffnet. Mit Kaiser *Wilhelm II.* kam die feine Gesellschaft nach Heringsdorf, baute Villen und Palais. Heringsdorf, anfangs ein Fischerörtchen, wurde zum Weltbad.

Ausgangspunkt für einen Bummel durch Heringsdorf ist die **Seebrücke.** Sie wurde im Jahre 1994 nach historischem Vorbild neu gebaut, nachdem 1958 ein Feuer die alte Seebrücke zerstört hatte. Auf der mit 508 m längsten Seebrücke Europas laden Geschäfte, Restaurants und Cafés zum Bummeln und Verweilen ein. Neben der Seebrücke sind im **Muschelmuseum** die schönsten Exemplare aus aller Welt ausgestellt (geöffnet: täglich 10–21 Uhr).

- Seebrücke Heringsdorf, Strandpromenade 1, 17424 Seebad Heringsdorf, Tel. +49 (0) 38378 640, www.seebrueckeheringsdorf.de, geöffnet: ganzjährig

Gegenüber, Brunnenstraße/Ecke Delbrückstraße, steht seit 1883 die **Villa Oechsler.** Mit ihrem blauen Dach und dem Säuleneingang gehört sie zu

den schönsten Villen des Ortes. Ein kleines Stück weiter, in der Delbrückstraße 6, steht die **Villa Staudt,** in der sich Kaiser *Wilhelm II.* mit der Konsulin *Staudt* zum Tee traf.

Zurück am Platz des Friedens stehen in der **Seestraße** gleich zwei Beispiele der Bäderarchitektur: in der Nr. 2 das **Seeschloss Heringsdorf** und in der Nr. 5 das **Hotel Esplanade.** Als Schloss erbaut, wurde es später zum Grandhotel mit Gästen wie dem *Prinzen von Hohenzollern* und dem Berliner Operettenkomponisten *Walter Kollo.*

Nach rechts abbiegend, führt die Tour zur Rudolf-Breitscheid-Straße. Am Weg liegt die **Villa Usedom**

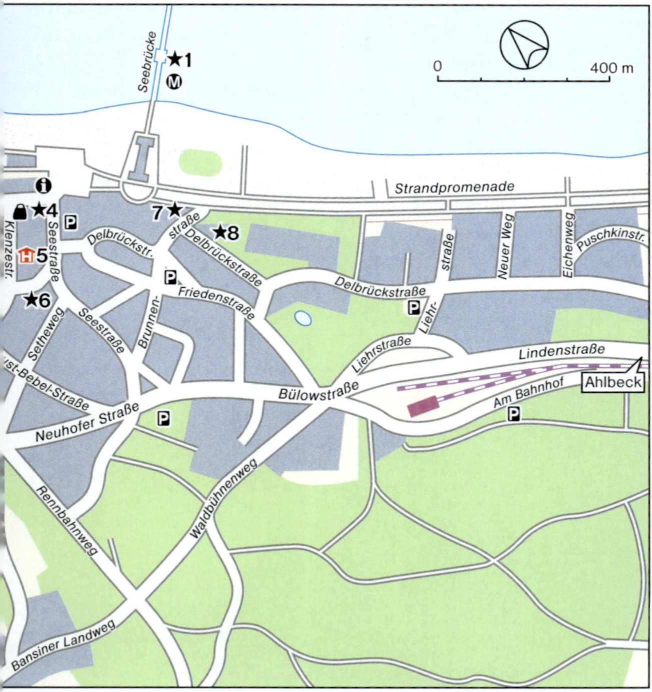

Legende zum Cityplan Heringsdorf

★ Ⓜ	1	Seebrücke mit Muschelmuseum	🏨	5	Hotel Esplanade
★	2	Villa Irmgard	★	6	Villa Usedom
★	3	Weißes Schloss	★	7	Villa Oechsler
★	4	Seeschloss Heringsdorf	★	8	Villa Staudt

mit schönen Schmiedearbeiten. An der Einmündung der Kulmstraße befindet sich das **Hotel Weißes Schloss.** Erbaut von Oberforstmeister *von Bülow,* war es die erste Ferienresidenz der Hohenzollern.

Über die Bad- und Strandstraße führt der Weg zur **Villa Irmgard** in der Maxim-Gorki-Straße 13.

In der Villa befindet sich eine Ausstellung zum Aufenthalt *Maxim Gorkis* und weiterer Persönlichkeiten.

- Villa Irmgard, Maxim-Gorki-Str. 13, geöffnet: Di.–So. 10–18 Uhr, Mo. geschlossen

Über den Kieferngrund geht es zurück zur Promenade, an der noch viele weitere Villen zu besichtigen sind.

Der Rundgang dauert ca. 2½ Stunden.

▼ Heringsdorf, Seebrücke

025lg Foto: pl, Andreas Walgenbach, www.pixelio.de

Touren

- **Spaziergänge in Begleitung** bietet der Gästeführer *Günter Gehrke,* Delbrückstr. 21, 17424 Seebad Heringsdorf, Tel. +49 (0) 38378 22939, E-Mail: gfmg21@aol.com

Infos

- **Seeheilbad Heringsdorf,** Kulmstr. 33, 17424 Seebad Heringsdorf, Tel. +49 (0) 38378 2451, E-Mail: heringsdorf@drei-kaiserbaeder.de, www.usedom.de, www.kaiserbaeder.de, geöffnet: Mo.–Fr. 9–18 Uhr, Sa.–So. 10–15 Uhr

Autovermietung

- **Autovermietung Sixt,** Ahlbecker Chaussee 19, 17429 Bansin, Tel. +49 (0) 1805 252525, www.sixt.de

Usedom

Das Besondere

- **Kaiserbäder-Express.** Diese weiß-blaue Bimmelbahn fährt durch alle drei Kaiserbäder. Im Zug gibt es Erklärungen zu Land, Leuten und Architektur. Mit der Bahn können auch Inseltouren unternommen werden. Die Fahrt durch die Kaiserbäder beginnt an den Seebrücken in Ahlbeck oder Heringsdorf. Dauer: 1½ Std, Preis: 6,40 €. Kontakt: Cyrus & Dittberner GbR, 17419 Korswandt, Dorfstr. 20, Tel. +49 (0) 38378 28467, E-Mail: kaiserbaederexpress@kaiserbaeder.de, www.kaiserbaederexpress.kaiserbaeder.de

- **Die Adler Schiffe** bieten die Möglichkeit, die Kaiserbäder von See aus zu betrachten. Sie fahren von Seebrücke zu Seebrücke und auch nach Swinemünde (Polen). Adler Schiffe Betriebsgesellschaft mbH, Seebrücke, 17424 Heringsdorf, Tel. +49 (0) 38378 47790, www.adler-schiffe.de, E-Mail: info-heringsdorf@adler-schiffe.de

Der Reiz Usedoms beschränkt sich aber nicht nur auf die Kaiserbäder. Entlang der Ostseeküste liegen weitere Seebäder, das Hinterland bietet stille Seen, Schlösser und interessante Landschaften.

- **Usedom mit Bus und Bahn.** Auch ohne Auto kann Usedom leicht erkundet werden. Die Usedomer Bäderbahn (UBB) fährt entlang der Ostseeküste von Ahlbeck bis Peenemünde. Auskunft: Usedomer Bäderbahn GmbH, Am Bahnhof 1, 17424 Seebad Heringsdorf, Tel. +49 (0) 38378 27132, E-Mail: UBBGmbH@t-online.de, www.ubb-online.de

- **In Peenemünde** gibt das Historisch-Technische Museum Einblicke in die Arbeit der damaligen Heeresversuchsanstalt. Im 1991 eröffneten Raketen- und Raumfahrtmuseum bekommt der Besucher einen Geschichtsüberblick. Historisch-Technisches Informationszentrum, Bahnhofstr. 28, 17449 Peenemünde, Tel. +49 (0) 38371 5050, E-Mail: hti@peenemuende.de, geöffnet: Apr.–Sep., tgl. 9–18 Uhr, Okt. 10–18 Uhr. Die Dauer der Besichtigung beträgt ca. 1 Std., dazu kommt noch die Anreise von ca. 1 Std. pro Richtung.

- **„Fliegende Edelsteine“** sind in der Schmetterlingsfarm in Trassenheide zu bestaunen. In der Freiflughalle flattern mehr als 3000 Falter zwischen Tropenpflanzen und Wasserfällen. Schmetterlingsfarm Trassenheide, Wiesenweg 5, 17449 Seebad Trassenheide, Tel. +49 (0) 38371 28218, geöffnet: tgl. 10–19 Uhr. Dauer: ca. 3 Stunden, dazu kommt noch die Anreise von ca. 45 Minuten. Anfahrt mit der UBB ab Ahlbeck oder Heringsdorf, Fahrtzeit: ca. 35 Min.

- **Inselsafari** im Landrover. Verschiedene Touren führen zu Vogelkolonien, dem stillen Lieper Winkel und zur Küste am Kleinen Haff. Ferngläser, Wetterkleidung und Proviant werden gestellt. Gäste können an allen Orten Usedoms abgeholt werden. Insel-Safari, Schloss Mellenthin, Am Hünengrab 26, 17438 Wolgast, Tel. +49 (0) 3836 203290, E-Mail: info@insel-safari.de, www.insel-safari.de

Einkaufen Ein nicht alltägliches Mitbringsel ist der Kaiserbäderring. Drei bewegliche Kugeln in einem Edelstahlring symbolisieren die Kaiserbäder Ahlbeck, Heringsdorf und Bansin. Der Ring kostet 125 €. Anschauen und online bestellen kann man unter www.kaiserbaederring.de.

▲ Das U-Boot-Museum in Peenemünde

007lg Foto: vd, Th. Nykrog, VisitDenmark.com

Dänemark

Sprache Dänisch; Deutsch und Englisch sind weit verbreitet.

Währung Dänische Krone (dkr.), 1 dkr. = 100 Øre, 1 dkr. = 0,13 €, 1 € = 7,45 dkr. (Stand: April 2010)

Trinkgeld Trinkgeld ist im Restaurant, Hotel, sogar Taxi inbegriffen. Es ist aber üblich, die Rechnung nach oben aufzurunden.

Öffnungszeiten Geschäfte sind im Allgemeinen geöffnet: Mo.–Fr. 9.30–19 Uhr, Sa. 9–15 Uhr. Der Sonntag ist Ruhetag, aber z. B. Souvenirgeschäfte sind geöffnet.

Ærø, Ærøskøbing

Nach Ærøskøbing wird getendert.

Kurz und bündig Ærø liegt am südlichen Eingang zum Kleinen Belt. Die Insel ist 30 km lang, 6 km breit und die einzige, die nicht durch eine Brücke mit der Außenwelt verbunden ist. In drei Kleinstädten, mehreren Dörfern und Höfen leben rund 6800 Inselbewohner. Marstal, im Osten gelegen, ist der größte Ort mit Werften und einer Seefahrtschule. Historisches Zentrum der Insel ist Ærøskøbing, das 1522 das Stadtrecht erhielt. Außer einem Brand im Jahr 1629 hat der Ort keine weiteren Katastrophen erlebt.

In die Stadt Von der Anlegestelle der Tenderboote sind es nur wenige Schritte in die Stadt.

Rundgang Ærø ist der Inbegriff des dänischen *hyggelig*, das sich mit „gemütlich“ am besten übersetzen lässt. Die Straßen haben Kopfsteinpflaster, die Häuser sind klein und bunt angestrichen. Sie stammen aus dem 17. Jahrhundert, als Ærøskøbing Heimathafen für über 100 Handelsschiffe war. Die Wege in Ærøskøbing sind kurz. Folgt man der Ærøskøbing

◀ Vorseite: Rønne auf der Insel Bornholm

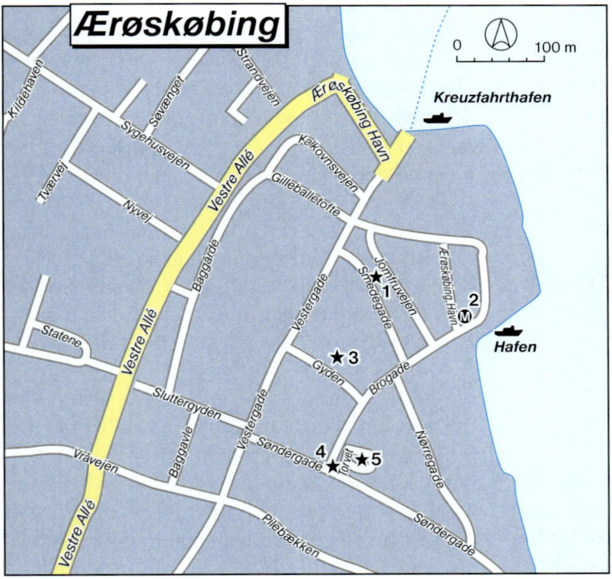

Legende zum Cityplan Ærøskøbing

★	1	Buddelschiff-Sammlung	★	4	Priors Hus
Ⓜ	2	Ærø Museum	★	5	Marktplatz
★	3	Hammerichs Hus			

Havn (Hafenstraße) nach links, mündet sie nach kurzem Fußweg in die Brogade. Hier befindet sich das **Ærø Museum.** Das Heimatmuseum gibt Einblicke in das Seefahrt-, Bauern- und Handelsleben der Stadt. Von Interesse ist die einmalige Trachtensammlung.

- **Ærø Museum,** Brogade 3–5, geöffnet: tgl. 11–15 Uhr, Sa./So. 11–15 Uhr, Eintritt: 30 dkr. (4 €)

Etwas weiter zweigt nach rechts die Gyden ab. Hier ist das **Hammerichs Hus** zu besichtigen. Es ist ein Fachwerkhaus aus dem 17. Jahrhundert mit engen Treppen und noch erhaltener Feuerstelle. Ausgestellt sind 3000 holländische Fliesen, Fayencen (eine von der italienischen Stadt Faenza abgeleitete Bezeichnung für eine weiße oder farbig dekorierte Keramik) und Hausrat aus der damaligen Zeit.

- Hammerichs Hus, Gyden 22, geöffnet: tgl. 12–15 Uhr, Eintritt: 30 dkr. (4 €)

Die Brogade führt geradewegs zur Kirche und dem Marktplatz Torvet aus dem 13. Jahrhundert. Auf dem Marktplatz stehen noch die beiden Brunnenpumpen, die bis Jahr 1952 die Häuser mit Trinkwasser versorgten. Den Torvet begrenzt die Sødergade. Auf der linken Seite steht eines der ältesten Häuser des Ortes. Das **Priors Hus,** Sødergade 22, wurde bereits im Jahre 1690 erbaut. Jetzt geht es wieder zurück in Richtung Vestergade. Sie ist die Flaniermeile von Ærøskøbing. Hier stehen die alten Kapitänshäuser mit ihren charakteristisch vorspringenden Mittelbau-

▼ Gassen wie diese findet der Däne „hyggelig“

0271g Foto: vd, Cees van Roeden, VisitDenmark.com

ten. In Richtung Hafen mündet rechts die Smedegade ein. Hier befindet sich das vielleicht interessanteste Museum des Ortes, die **Buddelschiff-Sammlung** von *Flaske-Peter.* Im früheren Armenhaus sind über 200 Buddelschiffe des Seefahrers ausgestellt, der in seinem Leben 1700 Buddel- und 50 Modellschiffe baute. In der Ausstellung ist auch das selbst gefertigte Grabkreuz mit sieben Buddelschiffen - eins für jedes Weltmeer - zu sehen. Die Kirchenleitung verbot aber die Aufstellung auf seinem Grab.

- Flaske-Peters Samling, Smedegade 22, geöffnet: täglich 10–17 Uhr, Eintritt kostet 30 dkr. (4 €)

Ebenfalls in der Smedegade steht das „Puppenhaus". Es ist kaum zu glauben, dass in dem **Dukkehuset** einst zwei Familien wohnten, einmal sogar Eltern mit ihren 8 Kindern.

Über die Vestergade und Ærøskøbing Havn geht es zurück zur Anlegestelle der Tenderboote.

Für den Rundgang sollten inkl. Museumsbesuche ca. 2 Stunden eingeplant werden.

Das Besondere

Ærø lässt sich nicht nur zu Fuß erkunden. Eine Besichtigung aus höherer Warte bietet **Starling Air.** In 15 Minuten erreicht ein Taxi den Flughafen, wo die Rundflüge über die Insel und die Dänische Südsee starten. Das Angebot reicht von 5-minütigen Luftsprüngen zu 100 dkr. (13,50 €) bis zu ausgedehnteren Rundflügen.

- Starling Air, Ærø Airport, 5960 Marstal, Tel. +45 (0) 62533394, E-Mail: starling@starling.dk

Infos

- **Ærø Turistbureau,** Havn 4, 5970 Ærøskøbing, Tel. +45 (0) 62521300, E-Mail: post@arre.dk, www.arre.dk, geöffnet: Mo.–Fr. 9–16 Uhr, Sa. u. So. geschl., Service: Internetzugang

Bornholm

Zu den Häfen Rønne und Gudhjem wird getendert.

Kurz und bündig

Bornholm liegt näher an Schweden (40 km) als an Dänemark (Kopenhagen 180 km). Auf der 588 km² großen Insel gibt es im Norden eine Schärenküste, in der Inselmitte ausgedehnte Wälder und Heideflächen und im Süden weite weiße Sandstrände. Das milde Klima – Bornholm ist Dänemarks sonnenreichster Ort – lässt sogar Feigen und Mandeln reifen.

Rønne

Kurz und bündig

Rønne wurde 1327 gegründet. Seit dem Mittelalter ist die Stadt ein wichtiger Warenumschlagplatz. Mit ca. 15.300 Einwohnern ist sie die größte Stadt und gilt als „Hauptstadt" der Insel. Rønne ist neben dem wichtigste Hafen mit Fährverbindungen in den Ostseeraum auch Verwaltungszentrum und Verkehrsknotenpunkt.

In die Stadt

Die Anlegestelle ist nur wenige Schritte von der Stadt entfernt.

Rundgang

Direkt am Hafen mündet in den Munch Petersens Vej der Nordre Kystvej mit dem **Velkomstcenter.** Bornholm ist bekannt für Keramik und Porzellan. Vom Velkomstcenter der Nordre Kystvej folgend, zweigt nach rechts die Krystalgade ab. Die 1859 gegründete **Manufaktur Hjorths** zeigt im Keramikmuseum den Werdegang vom Rohmaterial zum Endprodukt.

- Hjorths Keramikmuseum, Krystalgade 5, geöffnet Mo.–Sa. 10–17 Uhr, Eintritt: 50 dkr. (6,70 €)

Nach Überquerung der Store Torvegade kann im **Bornholm Museum** in der St. Mortensgade Wissenswertes über die Seefahrer- und Fischertraditi-

▲ Der Leuchtturm von Rønne ist das Erste, was man vom Schiff aus sieht

on in Erfahrung gebracht werden. Ausgestellt sind Boote, Gallionsfiguren und Trachten. Außergewöhnlich sind die „Goldgubber", mit Motiven verzierte Goldplättchen, die wahrscheinlich Opfer- oder Grabbeigaben waren.

- Bornholm Museum, St. Mortensgade 29, geöffnet: täglich 10–17 Uhr, Eintritt kostet 50 dkr. (6,70 €)

Zurück in die Gegenwart geht es von der St. Mortensgade nach links zum **Store Torv** und zur Snellemark, der Einkaufsstraße. Der Store Torv, früher ein Exerzierplatz, ist heute ein beliebter Treffpunkt

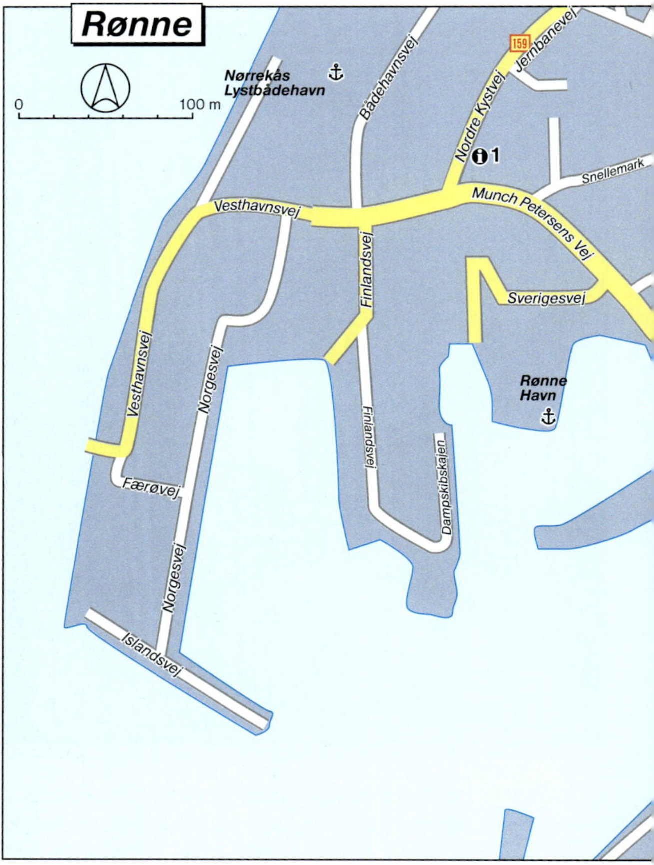

mit Springbrunnen, Geschäften und Cafés, die bei Sonnenschein ihre Tische und Stühle nach draußen stellen. Mittwochs und samstags findet hier auch ein bunter Wochenmarkt statt.

Der spitze Turm von **St. Nicolai** weist den Weg zur Altstadt. Die Kirche wurde 1275 erbaut, hat aber durch Umbauten viel vom ursprünglichen

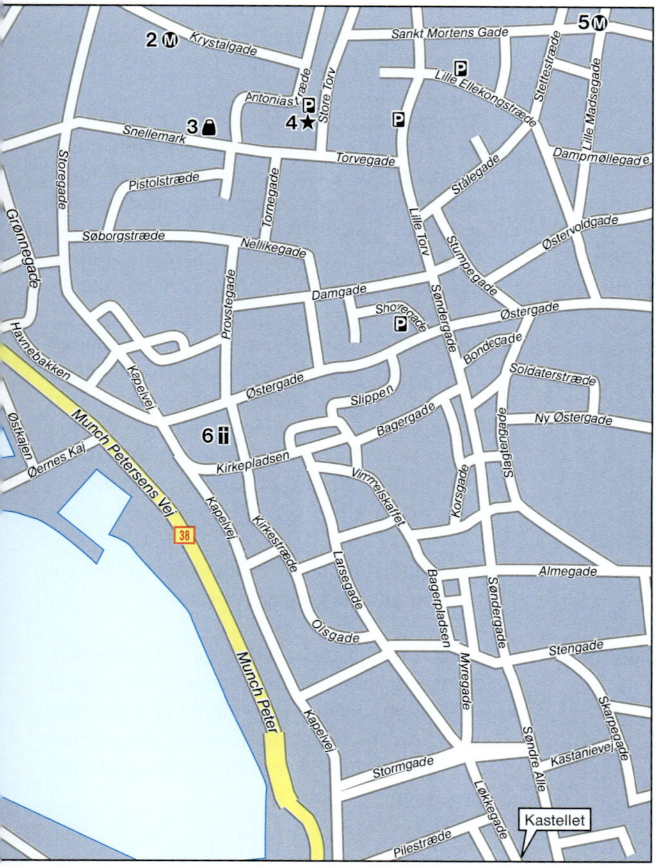

Legende zum Cityplan Rønne

❶	1	Velkomstcenter	★	4	Store Torv
Ⓜ	2	Hjorths Keramikmuseum	Ⓜ	5	Bornholm Museum
🔒	3	Einkaufsstraße Snellemark	⛪	6	Kirche St. Nicolai

Aussehen verloren. Im Kirchenraum sind jedoch noch alte Fresken erhalten. Der Taufstein von 1350.

- St. Nicolai, Kirkpladsen 20

Ein Bummel durch die alten Gassen rund um die Kirche zeigt die malerische Seite der Stadt. Enge, kopfsteingepflastere Gassen und bunt gestrichene Häuser mit Stockrosen bis zur Regenrinne sind – auf dänisch – ganz *hyggelig* (gemütlich). In den Fachwerkhäusern gibt es viele Lädchen, die Inseltypisches verkaufen.

Von der Altstadt führt die Sønder Alle zum **Kastellet.** Die Festung beeindruckt mit einem mächtigen Rundturm. Sie sollte Bornholm vor den Schweden schützen. Das **Forvarsmuseet** zeigt alte Waffen und historische Dokumente zur Inselgeschichte.

- Forvarsmuseet, Kastellet Galløkken, geöffnet: Di.–Sa. 10–16 Uhr

Für den Rundgang mit Besichtigungen sollten ca. 1½ bis 2 Stunden eingeplant werden.

Landpartie

Mit dem Mietauto geht die Reise nach Norden. An der Küste liegen kleine Fischerdörfer, überall sind die Fischräuchereien mit ihren charakteristischen Schornsteinen zu sehen. Man sollte unbedingt anhalten und die verschiedenen Spezialitäten probieren.

In Nyker, ungefähr 8 km von Rønne, steht die kleinste der **Rundkirchen** Bornholms. Sie wurde Ende des 12. Jahrhunderts erbaut. Die mächtige Mittelsäule ist mit Fresken bemalt. Weiter nördlich befindet sich an der Kreuzung Hasle und Klemensker der mit 2,70 m größte **Runenstein** Bornholms.

Hoch im Norden steht auf einem 74 m hohen Felsen die **Burg Hammershus.** Sie ist die größte Burgruine Nordeuropas. Von einem Bischof im 12. Jahrhundert erbaut, wurde sie im Janre 1745 verlassen und verfiel. Eine Ausstellung zeigt das mittelalterliche Leben auf der Burg.

- Hammershus, Langebjergvej 26, Slotsgåden, 3770 Allinge, geöffnet tgl. 10–17 Uhr, Eintritt: 15 dkr. (2 €). Die Besichtigung der Burgruine ist kostenlos.

Das Besondere

Es gibt keine schönere Art Bornholm kennenzulernen als auf einer **Radtour.** Auf 235 km kann die Insel per Rad erkundet werden. Der Norden ist hügelig und verlangt schon eine gewisse Kondition, der Süden dagegen ist flach und für jedermann geeignet. Fahrradverleih:

- **Biking Bornholm,** Strandvejen 63, 3770 Allingen, Tel. +45 (0) 56972740, E-Mail: info@biking.dk, www.biking.dk
- **Bornholms Cykeludlejning,** Nordre Kystvej 5, 3700 Rønne, Tel. +45 (0) 56951359

Infos

- **Bornholms Velkomstcenter,** Nordre Kystvej 3, 3700 Rønne, Tel. +45 (0) 56959500, Mai: Mo.–Fr. 9–16, Sa. 9–12 Uhr, 1.–25. Juni: Mo.–Sa. 9–16 Uhr, 26. Juni–Aug.: tgl. 9–17.30 Uhr, Sep.: Mo.–Fr. 9–16, Sa. 9–12 Uhr, E-Mail: info@bornholm.info, www.bornholm.info, www.bornholm.net. Hier gibt es auch Informationen über die mehrmals täglich am Hafen startenden Rundfahrten zu den Insel-Sehenswürdigkeiten.

Autovermietung

- **Europcar,** Østergaard, Nordre Kystvej 1, 3700 Rønne, Tel. +45 (0) 56954300, E-Mail: roenne@europcar.dk, www.europcar.dk
- **Avis,** Rønne Autoudlejning Aps, Dampskibkajen 3–5, 3700 Rønne, Tel. +45 (0) 56952208, www.avis-bornholm.dk

Gudhjem

Kurz und bündig

Das Bornholmer Hafenstädtchen Gudhjem liegt an der Ostküste der Insel. In dem Ort leben knapp 800 Einwohner. Gudhjems Geschichte ist eng mit

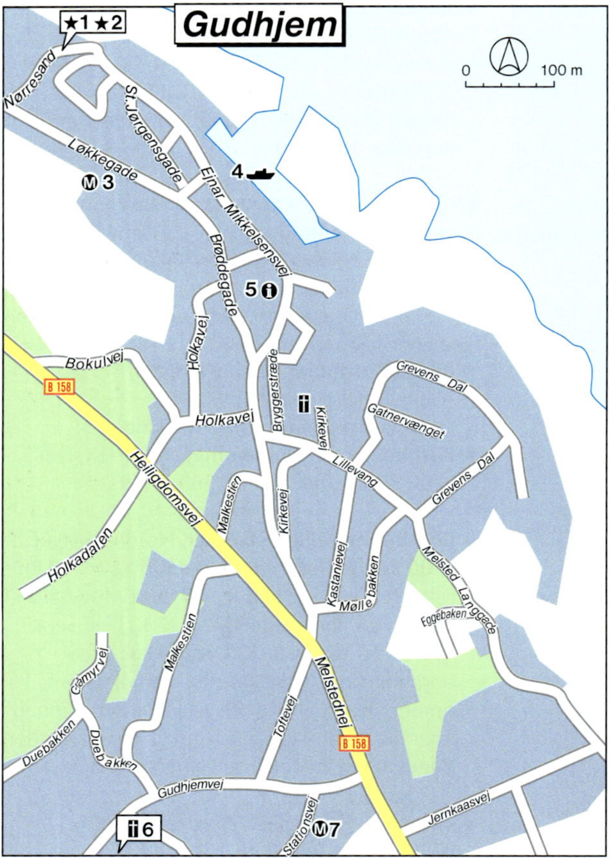

Legende zum Cityplan Gudhjem

★	1	Helligdomsklippen	ℹ	5	Touristen-information
★	2	Dønsdalfaldet	⛪	6	Østerlar Kirche
Ⓜ	3	Oluf Høst Museum	Ⓜ	7	Gudhjem Museum
⛴	4	Anlegestelle der M/S Thor			

Straßen
Die Straßen und Gassen sind größtenteils sehr steil!

der Heringsräucherrei verbunden. Die erste Räucherei wurde vor rund 120 Jahren eröffnet. Von hier verbreitete sich die Heringsräucherei über die ganze Insel. Das Städtchen liegt exakt auf dem 15. Längengrad, nach dem die Mitteleuropäische Zeit (MEZ) berechnet wird. Daher wird diese Zeit in Dänemark auch Gudhjem-Zeit genannt. Die Buslinie Rute 3 verbindet Gudhjem mit Rønne.

In die Stadt

Die kleine Stadt beginnt direkt an der Kaimauer.

Rundgang

Der kleine Hafen mit den Fischräuchereien ist der Mittelpunkt des Städtchens. Von hier gehen die kleinen Gassen ab, die durch Treppen verbunden sind. Gesäumt sind sie von farbenfroh gestrichenen Häusern.

▼ Von den steilen Straßen Gudhjems eröffnet sich ein schöner Meeresblick

Nach Überquerung des Ejnar Mikkelsensvej führt der Weg nach rechts in die Løkkegade. In einem stattlichen Haus ist das **Oluf Høst Museum** untergebracht. Ausgestellt sind die Werke des berühmten Bornholmer Malers, der die Insel in modernen Bildern darstellte.

029lg Foto: vd, R. Hemmingsen, VisitDenmark.com

- Oluf Høst Museum, Løkkegade 35, geöffnet: tgl. 11–17 Uhr, Eintritt: 60 dkr. (8 €)

Wer sich mehr für die Kulturgeschichte des Ortes interessiert, sollte von dem Ejnar Mikkelsensvej nach links abbiegen und der Brøddegade folgen. Sie mündet in den Melstedvej. Rechts zweigt der Gudhjemvej ab. An der Ecke zum Stationsvej befindet sich das **Gudhjem Museum.**

- Gudhjem Museum, Stationsvej 1, geöffnet: Mo.–Sa. 10–17 Uhr, So. 14–17 Uhr, Eintritt: 25 dkr. (3,40 €)

Für den Rundgang sollten ca. 1½ Stunden eingeplant werden.

Landpartie Die Landpartie kann entweder mit dem Auto oder dem Fahrrad, aber auch mit öffentlichen Bussen unternommen werden.

030lg Foto: vd, Cees van Roeden, VisitDenmark.com

▶ Bunt gestrichene Häuser säumen die kleinen Gassen von Gudhjem

Bornholm ist bekannt für die **Rundkirchen.** Sechs Kilometer von Gudhjem steht die Kirche von Østerlar. Sie ist die größte und bekannteste Kirche. Die Entstehung der Kirche mit ihren dicken weiß getünchten Mauern geht auf das Jahr 1150 zurück. Dass sie nicht nur als Gotteshaus, sondern auch der Verteidigung diente, bezeugen die vielen Schießscharten.

- Østerlar Kirche, Gudhjemvej 28

Nördlich von Gudhjem liegen die landschaftlich reizvollen Helligdomsklippen. Von hier in Richtung Inselinneres ist es nicht mehr weit bis zum **Dønsdalfaldet,** mit 25 m Dänemarks höchster Wasserfall.

Das Besondere

Lohnenswert ist eine **Bootsfahrt mit der M/S Thor** entlang der Küste zu den Helligdomsklippen. Während der Fahrt erklärt ein Reiseführer die Sehenswürdigkeiten. Die Hin- und Rückfahrt kostet 100 dkr. (13,50 €) und dauert pro Strecke ca. 30 Minuten. Fahrkarten gibt es nur an Bord. Fahrplan ab Gudhjem: tgl. 10.30, 11.30, 13.30, Rückfahrt: 11, 12, 14 Uhr.

- M/S Thor, Ejnar Mikkelsensvej 26, 3760 Gudhjem, Tel. +45 (0) 56485165, E-Mail: info@ms-thor.dk, www.ms-thor.dk

Infos

- **Gudhjem Turistbureau,** Åbogade 9, 3760 Gudhjem, Tel. +45 (0) 56485210, geöffnet: Mo., Di., Do., Fr. 9–15 Uhr, 12–12.30 Uhr geschl.

Autovermietung

- **Europcar,** Jeernkaasvey 15, 3760 Gudhjem, Tel. +45 (0) 56485055

Einkaufen

Sind in der Nebensaison nur wenige Geschäfte geöffnet, gibt es im Sommer eine Fülle an Galerien, Boutiquen und Souvenirgeschäfte.

In ihrer kleinen Werkstatt stellt *Else Linde* ihre Keramik-Unikate zum Verkauf aus.

- **Else Linde,** Stavsdalvej 6, geöffnet: ganzjährig

Kerzenleuchter, Vasen und künstlerisch gestaltetes Glas verkauft die Gudhjem Glasrøgeri.

- **Gudhjem Glasrøgeri,** Ejnar Mikkelsensvej 13a, geöffnet: ganzjährig 10–14 Uhr

Wer Süßes liebt, wird kaum an der Karamell-Fabrik vorbeigehen können. Hier werden Karamellbonbons nach englischer Tradition hergestellt.

- **Karamelkompagniet,** Holkavej 2, www.karamelkompagniet.dk

Christiansø

Nach Christiansø wird getendert.

Kurz und bündig Die Ertholmene-Inseln, auch Erbseninseln genannt, liegen 18 km vor der Ostküste Bornholms. Østerkær ist der östlichste Punkt des dänischen Königreichs. Christiansø ist eine von zwei bewohnten Inseln. Eine Hängebrücke verbindet sie mit der ebenfalls bewohnten Nachbarinsel Frederiksø. Die Insel Christiansø ist die Heimat für 100 Menschen. Sie bewegen sich bevorzugt zu Fuß, Autos gibt es nicht.

In die Stadt Wenn das Tenderboot festmacht, ist man bereits mitten in dem kleinen Ort.

Rundgang Zu besichtigen ist die von König *Christian V.* erbaute **Festung Christiansø.** Sie sieht heute fast noch genauso aus wie im Baujahr 1684. Die Festung war der erste Marinestützpunkt der Welt.

Legende zum Inselplan Christiansø

Ⓜ ★	1	Inselmuseum und Pulverturm	•	3	Rundweg
•	2	Eingang zur Festung	•	4	Rundweg

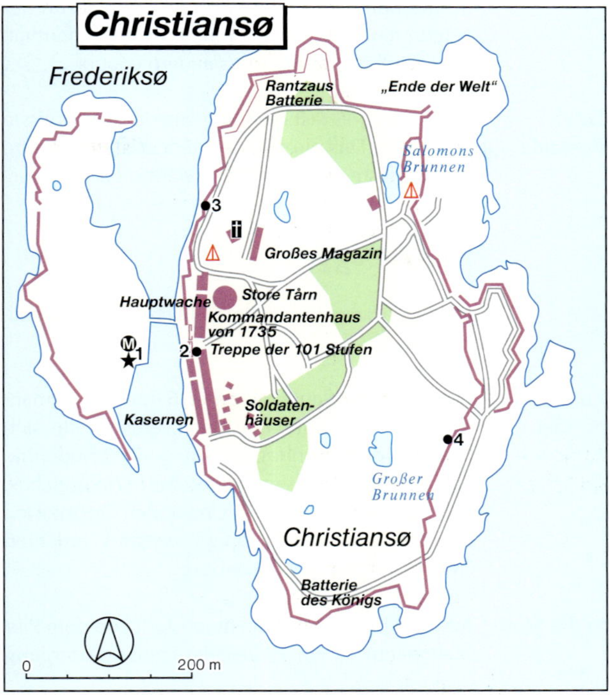

Christiansø ist durch eine Brücke mit der Nachbarinsel Frederiksø verbunden. Hier steht noch der alte Pulverturm mit einem kleinen Inselmuseum.

Für den Besuch des Ortes und die Besichtigung der Festung sollten 2 Stunden einplant werden.

Landpartie Die Insel ist wirklich sehr klein, gerade einmal 710 m lang und 430 m breit. Sie lässt sich daher bei einem einstündigen Spaziergang leicht umrunden. Der Weg führt vom Hafen vorbei an Festungsmauern und Türmen. Bei einem Spaziergang sollten Sie immer daran denken, dass die Insel unter absolutem Natur- und Denkmalschutz steht. So ist das Pflücken von Blumen und das Besteigen der Mauern verboten. Während der Brutzeit der Eiderenten (1. April bis 15. Juni) ist der Aufenthalt nur innerhalb der Festungsmauern erlaubt.

Das Besondere Für Großstädter ist die Ruhe eine lange vermisste Erfahrung. Das einzig Aufregende ist ein Sprung vom Badesteg in die nicht zu warme Ostsee.

Kopenhagen

Die Schiffe machen hauptsächlich an der Langelinie fest.

Kurz und bündig Aus der auf Seeland gelegenen Siedlung Købmandanes Havn, Kaufmannshafen, entwickelte sich das heutige Kopenhagen. Seit 1417 ist Kopenhagen die Hauptstadt des dänischen Königreiches. Die Stadt hat ca. 501.000 Einwohner. Die meisten der Prachtbauten ließ König *Christian V.* errichten (Alte Börse, Schloss Rosenborg).

In die Stadt Auf direktem Weg ist die Innenstadt von dem Pier „Langelinie" in einem 20-minütigen Spaziergang zu erreichen.

Rundgang Nur wenige Schritte vom Schiff entfernt wartet bereits der erste Fotostopp, die **Kleine Meerjungfrau.** Mit ihren 1,25 m ist sie nicht besonders groß, aber durch auf sie hinweisende Touristenscharen nicht zu verfehlen. Auf der anderen Straßenseite liegt das **Kastellet,** die Verteidigungsanlage aus dem 17. Jahrhundert. Die sternförmige Festung ist von Wassergräben umgeben. Zur Anlage gehört eine **Barockkirche** und die kleine Windmühle. Beide können besichtigt werden. Sie liegen neben dem Gefängnis. Das Areal wird heute noch immer vom Militär genutzt.

- Barockkirche, Langelinie, Besichtigung der Kirche ist möglich Apr.–Aug. 9–18 Uhr, Sep.–März 9–17 Uhr

031lg Foto: pl, Anja Bruun, www.pixelio.de

▲ Der Gefionbrunnen an der Langelinie in Kopenhagen

Die Statue des **Gefionbrunnens** stellt die vollschlanke Göttin Gefion dar. Mit vier Stieren - ihren verzauberten Söhnen - pflügt sie die Insel Seeland aus Schweden heraus.

Nach rechts biegt die Esplanaden ab, die zur Bregade führt. Hier leuchten die Zwiebeltürme der **Alexander-Newsky-Kirche** in der Sonne. Die Kirche war ein Geschenk *Alexander III.* Schräg gegenüber steht die **Frederikskirche.** Die mächtige Kuppel hat einen Durchmesser von 33 m. Der im Jahr 1749 begonnene Bau aus norwegischem Marmor kostete Unsummen, der Weiterbau musste sogar zeitweise eingestellt werden. Sehenswert ist das Elfenbeinkreuz im Chor. Oben von der Kuppel geht der Blick über die Stadt und die Ostsee.

- Alexander-Newsky-Kirche, Bredgade 53, Besichtigung nur nach Anmeldung und zur Hl. Messe
- Frederikskirken, Fredericiagade 4, Besichtigung: Mo.–Do. 10–17 Uhr, Fr.–So. 12–17 Uhr. Besichtigung der Kuppel: 15. Juni–31. Aug., täglich 13 und 15 Uhr, sonst Sa./So. 13 und 15 Uhr. Eintritt: 25 dkr. (3 €)

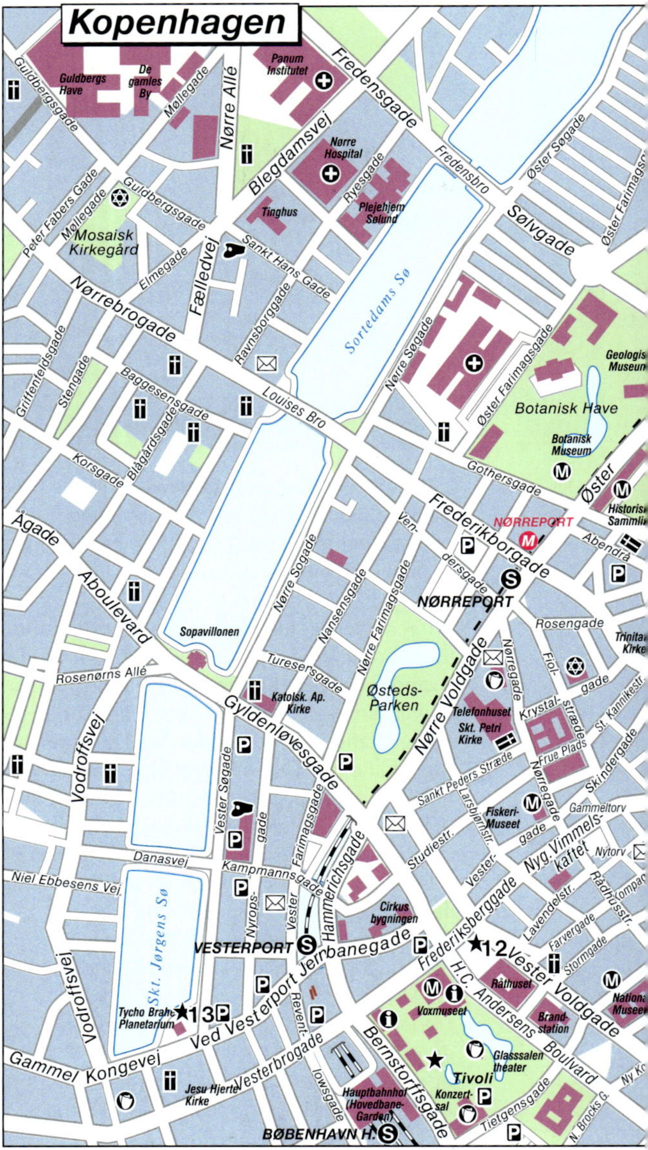
Kopenhagen
Guldbergs Have
De gamles By
Møllegade
Nørre Allé
Panum Institutet
Fredensgade
Blegdamsvej
Nørre Hospital
Ryesgade
Plejehjem Sølund
Tinghus
Guldbergsgade
Peter Fabers Gade
Møllegade
Mosaisk Kirkegård
Guldbergsgade
Fredensbro
Øster Søgade
Øster Farimagsgade
Sølvgade
Fælledvej
Elmegade
Sankt Hans Gade
Ravnsborggade
Sortedams Sø
Nørrebrogade
Griffenfeldsgade
Stengade
Baggesensgade
Blågårdsgade
Louises Bro
Nørre Søgade
Øster Farimagsgade
Botanisk Have
Botanisk Museum
Geologisk Museum
Korsgade
Gothersgade
Øster
Historisk Samml
Ågade
Aboulevard
Frederikborgade
NØRREPORT
Vendersgade
Abendrå
NØRREPORT
Nørre Sogade
Nansensgade
Nørre Farimagsgade
Rosengade
Trinitatis Kirke
Sopavillonen
Rosenørns Allé
Turesensgade
Ørsteds-Parken
Nørre Voldgade
Nørregade
Fiolstræde
Katolsk. Ap. Kirke
Gyldenløvesgade
Telefonhuset
Skt. Petri Kirke
Krystalgade
Frue Plads
St. Kannikestr.
Skindergade
Vodroffsvej
Vester Søgade
Sankt Peders Stræde
Larsbjørnsstr.
Nørregade
Fiskeri-Museet
Gammeltorv
Studiestr.
Vestergade
Nyg. Vimmelskaftet
Nytorv
Rådhusstr.
Kompagnistr.
Danasvej
Farimagsgade
Hammerichsgade
Kampmannsgade
Niel Ebbesens Vej
Skt. Jørgens Sø
Nyrops-gade
Vester-gade
Cirkus bygningen
VESTERPORT
Jernbanegade
Frederiksberggade
1 2
Vester Voldgade
Lavendelstr.
Farvergade
Stormgade
Rådhuset
National Museet
Vodroffsvej
Tycho Brahe Planetarium
1 3
Ved Vesterport
Reventlowsgade
Voxmuseet
H.C. Andersens Boulevard
Brand-station
Bernstorffsgade
Glasssalen theater
Tivoli
Gammel Kongevej
Vesterbrogade
Jesu Hjerte Kirke
Hauptbahnhof (Hovedbane-Garden)
Konzert-sal
Tietgensgade
N. Brocks G.
Ny Kongensgade
BØBENHAVN H.

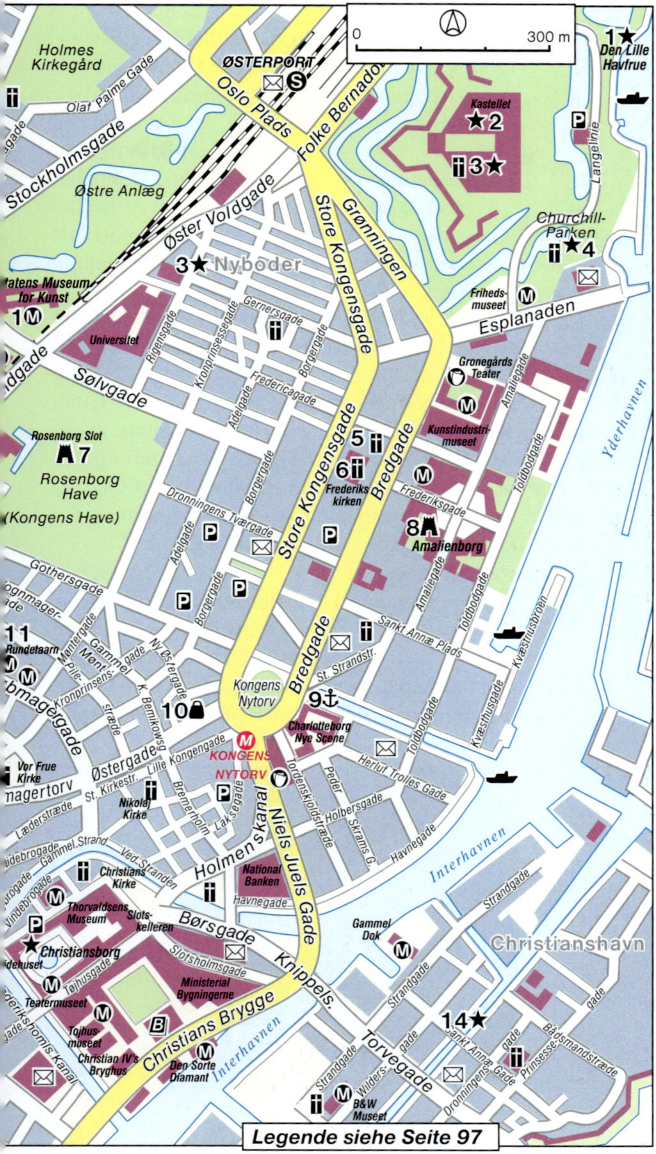
0
300 m
1★ Den Lille Havfrue
Holmes Kirkegård
ØSTERPORT
Oslo Plads
Folke Bernadotte
Kastellet ★2
3★
Langelinie
Olaf Palme Gade
Stockholmsgade
Østre Anlæg
Øster Voldgade
Store Kongensgade
Grønningen
Churchill-Parken
★4
3★ Nyboder
Statens Museum for Kunst
1
Universitet
Gernersgade
Frihedsmuseet
Esplanaden
Sølvgade
Rigensgade
Kronprinsessegade
Borgergade
Fredericiagade
Gronegårds Teater
Amaliegade
Adelgade
Rosenborg Slot
7
Rosenborg Have (Kongens Have)
5
6
Frederiks kirken
Bredgade
Kunstindustri-museet
Toldbodgade
Yderhavnen
Dronningens Tværgade
Frederiksgade
8 Amalienborg
Gothersgade
Kvæsthusbroen
Sankt Annæ Plads
11 Rundetaarn
Møntergade
Gammel Mønt
Pilestræde
Ny Østergade
K. Bernikowsg.
Kronprinsensgade
Kongens Nytorv
St. Strandstr.
9
10
Kvæsthusgade
Charlotteborg Nye Scene
KONGENS NYTORV
Vor Frue Kirke
Østergade
St. Kirkestr.
Lille Kongensgade
Tordenskjoldsgade
Peder Skrams G.
Herluf Trolles Gade
Holbergsgade
Nikolaj Kirke
Bremerholm
Laksegade
Niels Juels Gade
Havnegade
Læderstræde
Gammel Strand
Ved Stranden
Holmens Kanal
Christians Kirke
National Banken
Interhavnen
Strandgade
Thorvaldsens Museum
Slotskelleren
Børsgade
Gammel Dok
Christianshavn
Christiansborg
Slotsholmsgade
Knippelsbro
Tøjhusgade
Ministerial Bygningerne
Teatermuseet
Tøjhusmuseet
Christian IV's Bryghus
Christians Brygge
Den Sorte Diamant
Frederiksholms Kanal
14★
Torvegade
Sankt Annæ Gade
Bådsmandsstræde
Prinsessegade
Dronningensgade
Wildersgade
B&W Museet
Legende siehe Seite 97

Dänemark

Links von der Kirche, in der Frederiksgade, wird es königlich. Das **Schloss Amalienborg** ist der Wohnsitz der Königsfamilie. Vier Palais stehen um den 8-eckigen Platz. Der Danebrog, Dänemarks Staatsflagge, zeigt an, wenn ein Mitglied der Königsfamilie anwesend ist. Punkt 12 Uhr zieht die Ehrengarde mit Musik zur Wachablösung vor das Schloss. Königin *Margrethe* wohnt im Palast von *Christian IX*.

Kopenhagen per Fahrrad

Eine nicht alltägliche Art, Kopenhagen kennenzulernen, ist eine Radtour. Kopenhagen ist die Stadt der Fußgänger und Radfahrer. An 110 Stellen in der Innenstadt verteilt, stehen rund 2000 Fahrräder bereit. Mit einem 20-Kronenstück können die Räder, ähnlich wie bei Einkaufswagen, gemietet werden. Die Benutzung ist kostenlos. Wird das Fahrrad wieder abgestellt, werden die 20 Kronen (2,70 €) erstattet. www.bycyklen.dk

- Im **Christian VII. Palast** können die Privatgemächer Sa./So. um 13 und 14.30 Uhr besichtigt werden. Der Guide spricht Englisch. Eintritt: 75 dkr. (10 €). Das Amalienborg Museum ist von Mai bis Okt. tgl. von 10–16 Uhr geöffnet. Eintritt: 60 dkr. (8 €).

Über die Amaliegade geht es zwei Querstraßen weiter zum **Nyhaven.** Die bunten Häuser, gemütlichen Kneipen und Restaurants am Wasser und die Segelschiffe erinnern eher ans Mittelmeer

032lg Foto: md

▶ Wachablösung am Königspalast

Legende zum Cityplan Kopenhagen, S. 94

★	1	Kleine Meerjungfrau		8	Schloss Amalienborg und Christian VII. Palast
★	2	Kastellet	⚓	9	Nyhaven (Canal Tours)
★	3	Barockkirche und Windmühle		10	Strøget
★	4	Gefionbrunnen	★	11	Rundetaarn
	5	Alexander-Newsky-Kirche	★	12	Rathausplatz
	6	Frederikskirken	★	13	Tycho-Brahe-Planetarium
	7	Schloss Rosenborg	★	14	Christiania

als an die Ostsee. Wer möchte, startet vom Ende des Hafenbeckens zu einer Kanal- und Hafentour.

- **DFDS Canal Tours,** Abfahrt: alle 30 Min., Dauer: ca. 1 Stunde mit deutschsprachigem Reiseleiter, Kosten: 60 dkr. (8 €)

Am Ende des Hafenbeckens führt der Weg direkt auf den Kongens Nytorf mit dem Reiterstandbild *Christian V.* Vom Platz führt die breite Gothersgade nach 300 m zum **Schloss Rosenborg.** Nach Durchquerung der Parkanlage liegt der Eingang in der Øster Voldgade 4a. In der Schatzkammer können die Kronjuwelen besichtigt werden. Geöffnet: Mai–Sep. tgl. 10–16 Uhr, Eintritt: 75 dkr. (10,50 €)

Shuttlebus
Oft wird auf den Kreuzfahrtschiffen ein kostenloser Shuttlebus zum Rathausplatz angeboten. Unbedingt nachfragen!

Wer lieber Schmuck kaufen möchte, biegt vom Kongens Nytorf nach links in die Østergade ein. Hier beginnt die aus fünf Straßen bestehende, fast 2 km lange Fußgängerzone **Strøget.** Am Amagertorv führt nach links die Kobmagergade zum **Rundetaarn** (Rundturm). Eine 209 m lange Rampe steigt zum 1642 eingerichteten Observatorium hinauf. Ein fantastischer Blick lohnt die Mühe.

- Rundetaarn, Kobmagergade 52, geöffnet: Mo.–Sa. 10–20 Uhr, So. 12–20 Uhr. Eintritt: 25 dkr. (3,40 €)

Der Strøget endet am **Rathausplatz** mit dem Drachenbrunnen und dem H. C. Andersen-Denkmal.

▶ Bunte Häuser und Segelschiffe – in Nyhaven herrscht eine Atmosphäre wie am Mittelmeer

Für den Rundgang sollten 2½–3 Stunden eingeplant werden.

Landpartie

Das **„Hamlet-Schloss"** Kronborg liegt an der Küste bei Helsingør. Das Schloss wurde 1574–1585 erbaut. König *Frederik II.* ließ von hier aus die Schiffe im Øresund beobachten und kassierte Steuern. Nach einem Brand wurde es 1638 wieder aufgebaut. Der Rittersaal ist mit 62 m Länge einer der größten Europas. Die Schlosskapelle ist bei Hochzeitspaaren sehr beliebt. Obwohl immer als „Hamlet-Schloss" bezeichnet, hat es mit dem dänischen Prinzen nichts zu tun, der lebte ein Jahrhundert vor Baubeginn.

- Zu erreichen ist das 45 km von Kopenhagen entfernt liegende Schloss mit dem Zug. Fahrpreis: einfache Fahrt 66,50 dkr. (8,90 €). Fahrtdauer: 45 Min. Vom Rathausplatz werden auch Rundreisen angeboten. Fahrpreis 300 dkr. (40,30 €), Abfahrt: Juni–Sep. 9.45 und 13 Uhr. Die Fahrt dauert ca. 5 Std. www.sightseeing.dk

Das Besondere

Vom Tivoli die Vesterbrogade nach links steht im Gammel Kongevej 10 das **Tycho-Brahe-Planetarium.** Es bietet die Möglichkeit, bei Tage die Sterne zu sehen und ins Weltall zu fliegen. Im 3D-Kino werden Filme zu Natur und Technik gezeigt.

- **Tycho-Brahe-Planetarium,** Gammel Kongevej 10, geöffnet: tgl. 10.30–21 Uhr. Eintritt inkl. Film: 130 dkr. (17,50 €)

Nahe der alten Börse überquert die Knippelsbro den Innerhavn Richtung **Christianhavn.** Nach einem Spaziergang entlang der Kanäle kann **Christiania** besichtigt werden. 1971 besetzten Hippies die verlassenen Militärbaracken und riefen die Unabhängigkeit Christianias von Dänemark aus. Die Zeiten, in denen überall Haschisch angeboten wurde, sind allerdings vorbei. Stattdessen pulsiert das Leben in den Straßen. Livemusik, Theater und die lebensfrohen Einwohner machen den Besuch interessant.

Touren

Am Rathausplatz (Rådhuspladsen) vor dem Palace Hotel starten die Stadtrundfahrten. Sie dauern ca. 1,5 Std. und sind (ab 120 dkr., ca. 16 €) wesentlich günstiger als die an Bord angebotenen Touren. Es gibt auch eine Tour mit 25 Stopps, an denen man beliebig ein- und aussteigen kann.

Infos

- Bei Ankunft eines Kreuzfahrtschiffes ist das **Cruise Information Center** an der Langelinie geöffnet. Hier gibt es Informationen, Telefonkarten, Taxis etc. und die kostenlose Broschüre „Cruising Copenhagen".
- **Copenhagen Tourist Information,** Vesterbrogade 4A (nahe Tivoli und Hbf.), 1620 København V, Tel. +45 (0) 70222442, geöffnet: Juli–Aug. Mo.-Sa. 9–20 Uhr, So. 9–18 Uhr, Sep. Mo.–Sa 9–18 Uhr, www.visitdenmark.com, www.visitcopenhagen.dk

Einkaufen

Fünf ineinander übergehende Straßen bilden den **Strøget,** Kopenhagens Einkaufsparadies. Designerläden, Kristall, Silber, Mode und königlich dänisches Porzellan, hier wird jeder fündig. Die exklusiven Geschäfte liegen in der Østergade. Die Preise in den Nebenstraßen sind günstiger.

Læsø

Nach Læsø wird getendert.

Kurz und bündig

Læsø ist die nördlichste Kattegatinsel Dänemarks. Auf der 116 km² großen Insel leben ca. 2000 Einwohner. Der Windgott *Lær* gab der Insel den Namen. Læsø ist 22 km lang und 2–12 km breit. Haupteinnahmequelle war im Mittelalter die Salzgewinnung. Das führte dazu, dass der Wald komplett abgeholzt wurde. Deshalb mussten die Häuser damals, mangels Holz, mit Seetang gedeckt werden.

In die Stadt

Die Tenderboote legen am Segelhafen an. Bitte nicht schnell laufen, sonst ist die Stadt vorbei, ohne dass Sie es merken.

Rundgang

Direkt am Hafen sind Bänke aufgestellt, von denen man dem Treiben im Segelhafen zusehen kann. Links und rechts des kleinen Hafenbeckens gibt es einen Badestrand. Die Zeit bis zur Abfahrt der Tenderboote kann mit einem Großschachspiel verkürzt werden.

Landpartie

Eine Möglichkeit ist eine Radtour entlang der Küste ins 20 km entfernte **Vesterø.** Das Rad kann auch für die einfache Strecke gemietet werden, die Rückfahrt ist dann mit dem Taxi. Da es nur wenige Taxen gibt, **unbedingt** vorreservieren (s. Autovermietung).

- Jarvis Cykler, Vesterø, Havnegade 29, Tagesmiete: 75 dkr. (10,70 €)

In Vesterø kann die Kirche mit ihren Deckengemälden besichtigt werden.

- Vesterø Kirke, Præstevejen 37, geöffnet: Apr.–Okt. 8–16 Uhr

Eine weitere Möglichkeit ist die Fahrt mit dem Mietwagen oder Taxi zur **Salzsiede** im Süden der

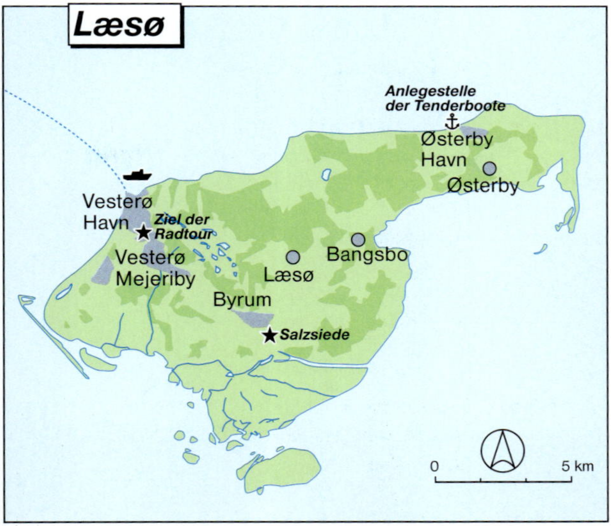

Insel. Im kleinen Museum wird die mittelalterliche Salzherstellung demonstriert.

- Læsø Saltsyderi, Hornfiskrønvej 1, Byrum, geöffnet: Mai–Sep. 10–16 Uhr

Infos

- **Læsø Turistbureau,** Vesterø, Havnegade 17, 9940 Læsø, Tel. +45 (0) 98499242, E-Mail: turistbureau@laesoe-tourist.dk, www.laesoe.dk, www.toppenafdanmark.dk, geöffnet: Apr.–Aug. Mo.–Fr. 9–16 Uhr, Sa. 10–12 Uhr, Sep.–Okt. Mo.–Fr. 9–14 Uhr

Autovermietung

Eine Inselerkundung ist etwas abenteuerlich, da es nur wenige Taxis - Tel. +45 (0) 23499940 - und nur wenige Mietwagen – Byrum Auto, Tel. +45 (0) 98491044 – gibt. Das Hauptfortbewegungsmittel ist das Fahrrad.

Einkaufen

Das auf der Insel gewonnene Salz gilt als sehr schmackhaft. In kleinen Säckchen verpackt ist es ein nettes Mitbringsel.

034lg Foto: md

Estland

Sprache Estnisch; Englisch ist weit verbreitet, Deutsch weniger.

Währung Estnische Krone (kr), 1 kr = 100 Senti, 1 kr = 0,06 €, 1 € = 15,65 kr, der Kurs zum Euro ist gesetzlich festgelegt.

Trinkgeld Trinkgelder sind im Restaurant und in Taxis im Rechnungsbetrag bereits enthalten.

Öffnungszeiten Die meisten Geschäfte sind geöffnet: Mo.–Fr. 9–18 Uhr (Warenhäuser bis 20 Uhr), Sa. 10–16 Uhr.

Saaremaa (Ösel)

Nach Saaremaa wird getendert.

Kurz und bündig Saaremaa ist die größte Insel Estlands. Viele Buchten und Halbinseln gliedern die Küste. Fast die Hälfte ist bewaldet. **Kuressaare** im Süden ist der Hauptort der Insel. Von den 37.000 Inselbewohnern leben etwa 16.000 in Kuressaare. Ein nur teilweise asphaltiertes Straßennetz verbindet die Orte. Ein Damm führt von Saaremaa zur Nachbarinsel Muhu. Dort legen die Fähren zum Festland ab.

In die Stadt Der Hafen der Insel ist **Roomassaare.** Da der Ort aber wenig zu bieten hat, geht die Fahrt mit dem Taxi oder dem Mietwagen gleich weiter in das 5 km entfernte Kuressaare.

Rundgang Die kleine Stadt, verschlafen im Winter, zieht im Sommer Tausende Besucher an. Die Hauptattraktion ist die Bischofsburg, aber im Ort gibt es weitere Sehenswürdigkeiten.

◀ Vorseite: Über den Dächern von Tallinn

Der Rundgang beginnt am Rathausplatz. Das gelb getünchte **Rathaus** wurde restauriert und sieht heute genauso aus wie im Baujahr 1653. Mit

035lg Foto: btz

▲ Der „Schiefe Turm“ von Saaremaa

den einfachen, klaren Linien ist es ein typisches Beispiel für den nordischen Barock. Im Gebäude gegenüber, mit dem Treppengiebel, wurden die für den Markttag benötigten geeichten Waagen aufbewahrt. Rund um den schattigen Marktplatz gibt es eine Reihe von Geschäften, die Kunsthandwerk aus verschiedensten Teilen der Insel anbieten.

Ein Stück weiter, an der Kreuzung Tallinna und Torni, steht die **Laurentiuskirche.** Als die ursprüngliche Kirche nahe der Burg abbrannte, entschieden sich die Einwohner, sie hier wieder aufzubauen.

Etwas weiter die Tallinna hinunter, steht mit der Nr. 19 das alte **Gerichtsgebäude.** Praktisch war, dass das Gefängnis und das Finanzamt im selben Gebäude untergebracht waren. Heute sind hier die Büros der Küstenwache. Nach links biegt die Komandandi ab, die ab der Kohtu im weiteren Verlauf wieder zum Rathausplatz zurückführt.

Saaremaa
0
20 km
Emmaste
1★
Klippen von Panga
Leisi
2
Saaremaas kleinste Kirche mi dem Gott Odin
Mustjala
Saaremaa
Kaali, Meteoritenkrater
★4
Kihelkonna
Kärla
Aste
Kuressaare
Salme
Kaarma
Torgu
Legende siehe Seite 109

Muhu
Hanila
Orissaare
Virtsu
ngla mit
en Windmühlen
3
Karja
Tagavere

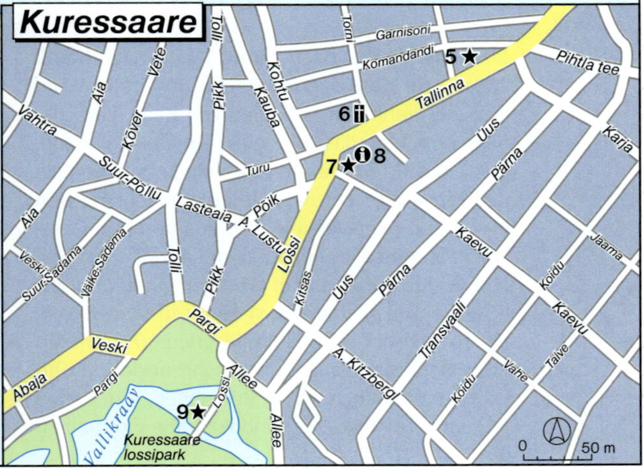
Kuressaare
Tolli
Torni
Garnisoni
Komandandi
5
Pihtla tee
Vete
Kohtu
Aia
Pikk
Kauba
Tallinna
Vahtra
Köver
6
Uus
Karja
8
Turu
7
Pärna
Suur-Põllu
Lasteaia
Põik
A. Lustu
Aia
Kaevu
Jaama
Veski
Suur-Sadama
Väike-Sadama
Tolli
Pikk
Lossi
Kitsas
Uus
Pärna
Koidu
Kaevu
Pargi
Transvaali
Veski
A. Kitzbergi
Talve
Abaja
Pargi
Allee
Vahe
Koidu
Vallikraav
9
Lossi
Allee
Kuressaare
lossipark
0
50 m

Entlang der Lossi geht der Weg direkt zur **Arensburg,** dem mittelalterlichen Bischofssitz. Vor der Burg liegt ein großer Park mit alten Linden und Kastanienbäumen, die vom 29 m hohen Turm überragt werden. Nach dem Überqueren des Wassergrabens gelangt man in die Burg. Mit den Türmen, Mauern und dem Falltor ist die vom Deutschen Ritterorden erbaute Burg die wohl besterhaltene mittelalterliche Festung im Baltikum. Heutzutage geht es friedlich zu. Im Sommer werden in der Burg klassische Konzerte gegeben. Im Saaremaa Museum erfährt man sehr viel über die Inselgeschichte.

- Saaremaa Museum, geöffnet: Mai–Aug. tgl. 10–18 Uhr, Eintritt: 40 kr (2,50 €)

Für den Rundgang mit Besichtigung sollten 2–2½ Stunden eingeplant werden.

Landpartie

Wer sich die Insel ansehen möchte, muss sich zwischen Kuressaare und Rundfahrt entscheiden. Falls Sie sich für die Rundfahrt mit einem Mietwagen entscheiden, bitte die Zeit im Auge gehalten. Die Straßen entsprechen nicht immer unserem Standard, daher die Tour ggf. lieber abkürzen.

Die Fahrt führt zunächst über Tahula nach **Kaali,** 18 km von Kuressaare gelegen. In einem Wald liegt der geheimnisvolle See von Kaali. Eine alte Sage berichtet, dass hier einst ein Gutshof stand. Der Gutsherr führte allerdings ein Lotterleben. Eines Tages tat sich die Erde auf, verschlang den Hof und den gerade eine Orgie feiernden Gutsherrn. So ruht alles tief auf dem Grunde des Sees. Die Wirklichkeit ist aber weniger sagenhaft. Vor 4000 Jahren schlug ein Meteorit in den Boden. Ein 16 m hoher Erdwall umgibt den 50 m breiten See. Mauerreste aus dem 6. Jahrhundert v. Chr. lassen vermuten, dass die Bewohner zu dem See pilgerten, um hier einer unbekannten Gottheit zu opfern.

Legende zum Plan Saaremaa/Kuressaare, S. 106

★	1	Klippen von Panga
★	2	Angla mit den Windmühlen
⛪	3	Saaremaas kleinste Kirche
★	4	Kaali, Meteoritenkrater
★	5	ehemaliges Gerichtsgebäude
⛪	6	Laurentiuskirche
★	7	Rathaus
ℹ	8	Touristeninformation
★	9	Arensburg

In dem Ort **Karja** steht Saaremaas kleinste Kirche. Von außen unscheinbar, verblüfft sie durch eine üppige Innendekoration. Sehenswert sind die reich verzierte Kanzel und die Deckengemälde. Sie zeigen nicht nur Heiligenfiguren, sondern – ganz ungewöhnlich – ein Symbol des Gottes Odin.

Die Fahrt wird in Richtung Leisi fortgesetzt. In **Angla** stehen noch fünf der typischen Bockwindmühlen. Einst gab es davon Hunderte, aber sie verfielen langsam. Die noch erhaltenen Mühlen werden jetzt restauriert. Von Leisi im Norden zweigt eine schmale Straße zu den Klippen von **Panga** ab. Ein Spaziergang oder ein Picknick auf den Klippen ist Erholung pur.

Über Aste geht es zurück nach Kuressaare.

Infos

- **Kuressaare Tourist Information Center,** Tallinna 2, Tel. +372 (0) 4533120, E-Mail: turism@kuressaare.ee, www.saaremaa.ee, geöffnet: Mo.–Fr. 9–19, Sa. 9–17, So. 10–15 Uhr

Autovermietung

- **Metra Autorent,** Aia 25, Kuressaare, Tel. +372 (0) 5182896, E-Mail: metra@tt.ee, geöffnet: Mo.–Fr. 8–18 Uhr, Sa. 10–16 Uhr

Taxi

- **Kuressaare Takso,** 20 Pithla tee, Kuressaare, Tel. +372 (0) 4530000
- **OÜ Saare Takso,** Pikk 62, Kuressaare, Tel. +372 (0) 4533333

036lg Foto: pl, Anna-Lena Ramm, www.pixelio.de

Tallinn

Die Schiffe machen im Altstadthafen (Vanasadam) fest.

Kurz und bündig

Tallinn, bis 1918 amtlich Reval genannt, liegt am Finnischen Meerbusen der Ostsee. Der Name geht zurück auf eine estnische Burg, die 1219 von den Dänen erstürmt wurde. 1227 eroberte der deutsche Schwertbrüderorden die Burg und der Papst übertrug dem Orden einen großen Teil Estlands zur Verwaltung. Das Jahr 1230, als der Orden Kaufleute anwarb, die sich am Fuß der Burg ansiedelten, gilt als Gründungsjahr der Stadt. Im Laufe der Jahrhunderte wechselten ständig die Herren über Tallinn. Seit 1991 ist Estland wieder selbständig, seit 2004 Mitglied der EU.

In die Stadt

Der Altstadthafen ist ca. 800 m von der Innenstadt entfernt.

Rundgang

Der Stadtrundgang beginnt am Turm **Dicke Margarete.** Der Turm sollte die Seefahrer beeindrucken, gleichzeitig schützte er den Hafen der Stadt. Von der Plattform geht der Blick weit über den Hafen und die Altstadt. Das Museum im Turm widmet sich der Seefahrtsgeschichte Tallinns.

- Paks Margareeta, Pikk 70, geöffnet: Mi.–So. 10–18 Uhr

Nur wenige Schritte sind es bis zu den **Drei Schwestern,** Kolm õde genannt. Ein Kaufmann ließ die schönen Häuser für seine drei Töchter bauen.

- Kolm õde, Pikk 71

Der Pikk führt weiter in die Stadt. Rechts, an der Lai 50, steht die **Olaikirche** (Oleviste kirikus). Sie steht, selbst nach mehreren Bränden, seit 1267 an dieser Stelle. Der Turm war im Mittelalter mit 159 m der höchste der Welt. Der heutige Turm ist immerhin noch 124 m hoch und kann bestiegen werden. 250 Stufen führen hinauf!

Straßen

Passagiere mit Behinderungen sollten bedenken, dass die Gassen gepflastert sind, steile Treppen von der Ober- zur Unterstadt führen und Bordsteinkanten nicht abgesenkt sind.

Auf dem Weg stehen links und rechts immer wieder restaurierte Häuser aus Tallinns Glanzzeit. So befindet sich im Pikk 26 das **Schwarzhäupterhaus** (Mustpeade maja) von 1597. Die Fassade ziert der dunkelhäutige Kopf des heiligen Mauritius, das Gildezeichen der unverheirateten Kaufleute.

Das Haus der Großen Gilde (Suurgildi hoone) war nach dem Rathaus das größte Gebäude im mittelalterlichen Tallinn. Die Große Gilde war der Zusammenschluss der reichsten Kaufleute der Stadt, die aus ihren Reihen den Bürgermeister wählten. Das **Museum** zeigt Exponate zur Ge-

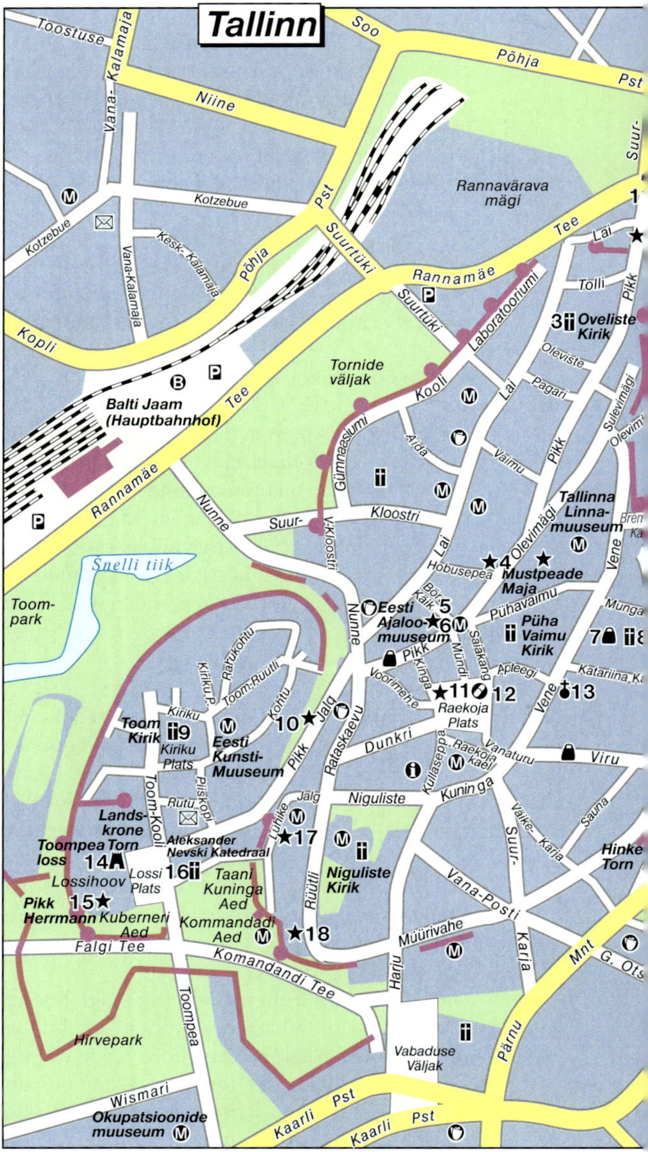
Tallinn
Toostuse
Vana-Kalamaja
Niine
Soo
Põhja
Pst
Suur-
Kotzebue
Kotzebue
Kesk-Kalamaja
Vana-Kalamaja
Põhja
Pst
Suurtüki
Rannavärava mägi
Tee
Lai
Rannamäe
Kopli
Suurtüki
Laboratooriumi
Tolli
Pikk
3 Oleviste Kirik
Oleviste
Pagari
Tornide väljak
Kooli
Lai
Balti Jaam (Hauptbahnhof)
Tee
Gümnaasiumi
Aida
Vaimu
Pikk
Sulevimägi
Rannamäe
Nunne
Suur-
Kloostri
V.-Kloostri
Tallinna Linna-muuseum
Snelli tiik
Lai
4 Olevimägi
Mustpeade Maja
Vene
Hobusepea
Toom-park
Börsi Käik 5
Eesti Ajaloo-muuseum 6
Pühavaimu
Püha Vaimu Kirik
Munga
7
Nunne
Pikk
Saiakang
Mündi
Apteegi
Katariina Käik
Rahukohtu
Kiriku P.
Toom-Rüütli
Voorimehe
Kinga
11 12
Vene 13
Kiriku
Kohtu
10 Jalg
Raekoja Plats
Toom Kirik 9
Eesti Kunsti-Muuseum
Rataskaevu
Dunkri
Kiriku Plats
Pikk
Kullassepa
Raekoja kael
Vanaturu
Viru
Toom-Kooli
Piiskopi
Rutu
Jalg
Niguliste
Kuninga
Lühike
Sauna
Lands-krone
Väike-Karja
Toompea loss
Torn 14
Aleksander Nevski Katedraal
17
Suur-
Hinke Torn
Lossihoov
Lossi Plats 16
Taani Kuninga Aed
Niguliste Kirik
Vana-Posti
Pikk Herrmann 15
Kuberneri Aed
Rüütli
Kommandandi Aed
18
Müürivahe
Karja
Mnt
G. Ots
Falgi Tee
Komandandi Tee
Harju
Toompea
Pärnu
Hirvepark
Vabaduse Väljak
Wismari
Kaarli Pst
Kaarli Pst
Okupatsioonide muuseum

A-Terminal
B-Terminal
Sadama
Kai
Mere Pst
Admiraliteedi bassein
Rannamäe Tee
Väike-Ranna Värav
Ahtri
Paadi
Kanuti
Aia
Kanuti Aed
Mere Pst
Inseneri
Hobujaama
Vana-Viru
Bastioni Aed
Viru
Viru Värav
Narva Mnt
Pärnu Mnt
Tammsaare Park
Maneezi
V. Reimani
Gonsiori
Raua
Uus Turg
Pst
Estonia
Kaubamaja
A. Laikmaa
Kivisilla
Tartu Mnt
E. Viralti
Pronksi
Rävala Pst
Rävala Pst
Kauka
Maakri
Lennuki
0
200 m
Legende siehe Seite 115

schichte Estlands, vom Beginn in grauer Vorzeit bis ins 18. Jahrhundert.

- Ajaloomuuseum, Pikk 17, geöffnet: Do.–Di. 11–18 Uhr

▼ Beim Spaziergang durch die alten Gassen Tallinns ist von Schuhen mit hohen Absätzen abzuraten

Im Schatten des Rathauses aus dem Jahr 1322 laden Cafés und Restaurants zu einer Pause ein. Im gotischen **Rathaus** kann der Ratssaal mit Gemälden und dem geschnitzten Gestühl besichtigt werden.

- Raekoda, Raekoja plats 1, geöffnet: 1. Juli–31. Aug. tgl. 10–14 Uhr. Der Turm kann tgl. von 11–18 Uhr bestiegen werden.

0371g Foto: md

Legende zum Cityplan Tallinn, S. 112

★	1	„Dicke Margarete"	★	10	„Langes Bein"
★	2	„Drei Schwestern"	★	11	Rathausplatz mit
	3	Olaikirche		12	Ratsapotheke
★	4	Schwarzhäupterhaus		13	Dominikanerkloster
★	5	Haus der Großen Gilde		14	Schloss
	6	Historisches Museum	★	15	„Langer Hermann"
	7	Katharinen-Passage		16	Alexander-Newski-Kathedrale
	8	Katharinenkirche	★	17	„Kurzes Bein"
	9	Dom	★	18	Turm Kiek in de Kök

Am Rathausplatz steht die **Ratsapotheke,** die älteste Apotheke der Welt. Sie wurde 1422 zum ersten Mal schriftlich erwähnt, hatte da aber bereits mehrere Vorbesitzer. Statt Schlangenhaut und Fledermauspulver wird heute moderne Arznei verkauft.

- Raeapteek, Raekoja plats 11

Am Rathausplatz beginnt die Kullasepa. Ihr folgt man bis rechts die Niguliste abzweigt. Am Ende führt das Kurze Bein, die Lühike jalg, steil zum **Domberg** hinauf.

Den Domberg beherrscht das **Schloss.** Von der alten Burg sind nur Mauern und drei Türme erhalten. Auf dem Pikk Hermann, dem **Langen Hermann,** dem 45 m hohen Turm, weht seit der Unabhängigkeit die Fahne Estlands. Die russische Zarin *Katharina II.* ließ die Burg in ein Schloss umbauen. Heutzutage tagt hier das Parlament.

Nicht zu übersehen sind die Zwiebeltürme der **Alexander-Newski-Kathedrale.** Als Zeichen der russischen Besetzung ist die 1894 erbaute Kathedrale nicht sehr beliebt. Die 11 Glocken, die größte wiegt 15 Tonnen, läuten zu Beginn des Gottesdienstes. Messen sind tgl. um 8.30 und 17 Uhr.

- Aleksander Nevski Katedraal, Lossi plats 10, geöffnet: tgl. 8–19 Uhr

Rechts unterhalb der Kathedrale, Komandandi 2, steht der dicke Turm **Kiek in de Kök.** Im 16. Jahrhundert war dieser Kanonenturm der mächtigste in Europa. Mit seinen 38 Metern war er gerade so hoch, dass die Wache in die Küchen der Nachbarhäuser sehen konnte.

Links von der Kathedrale, nur wenige hundert Meter entfernt, steht der **Dom** aus dem 13. Jahrhundert. Im Inneren sind viele Grabstätten und Wappen der Baltendeutschen zu sehen.

- Toomkirik, Toomkooli 6, geöffnet: täglich 9–18 Uhr

Über den Pikk jalg, das **Lange Bein,** geht es wieder in die Unterstadt, Richtung Rathausplatz. Die am Rathausplatz rechts beginnende schmale Apteegi führt zur Vene. Schräg gegenüber beginnt die **Katharinen-Passage** (Katariina käik). Der Bummel vorbei an der Katharinenkirche ist wie ein Sprung ins Mittelalter. Viele der Häuser aus dem 15. Jahrhundert beherbergen Werkstätten. Gerne lassen sich die Handwerker und Künstler während der Arbeit über die Schulter schauen. Die Passage endet in der Müürivahe. Nach rechts führt der Weg in die Viru mit den Stadttoren. Die Viru ist eine der Haupteinkaufsstraßen in der Altstadt mit vielen Geschäften und Kneipen. Sie endet in der belebten Mere puiestee, die nach links zum Hafen führt.

Für den Rundgang sollten 2½–3 Stunden eingeplant werden.

Landpartie Es empfiehlt sich ein Besuch im Freilichtmuseum **Rocca al Mare.** Aus ganz Estland sind Bauernhäuser, Wind- und Wassermühlen zusammengetragen worden. Die Darbietung von Volksmusik und -tänzen sorgt für Unterhaltung. Im Restaurant können typisch estnische Gerichte probiert werden. Das Freilichtmuseum ist vom Hauptbahnhof mit

038lg Foto: md

▶Alexander-Newski-Kathedrale

der Buslinie 21 zu erreichen. Fahrtzeit ca. 20 Minuten pro Strecke, Fahrpreis 15 kr (0,95 €).

- Eesti Vabaõhumuuseum, Vabaõhumuuseumi tee 12, Eintritt: 95 kr (6 €), mit Tallinn Card frei, geöffnet: tgl. 10–18 Uhr

Das Besondere

Wem ein Rundgang zu beschwerlich ist, der kann die Stadt auch bequem mit der **City Tour** per Bus erkunden. Es werden drei verschiedene Touren angeboten. Während der Fahrt werden Erklärungen zu den Sehenswürdigkeiten gegeben. An jeder Haltestelle kann ausgestiegen und mit dem nächsten Bus weitergefahren werden.

- City Tour, Viru väljak 6, www.citytour.ee. Die Haltestelle kann bequem vom Hafen zu Fuß erreicht werden. Die Karte hat eine Gültigkeit von 24 Stunden, Preis 250 kr (16 €).

Sehenswert ist das alte **Dominikanerkloster.** Seit der Gründung 1246 wurde es oft erweitert und umgebaut. 1525, mit Beginn der Reformation, wurde das Kloster geschlossen und die Mönche mussten Tallinn verlassen. Nach einem Brand im Jahre 1531 blieb nur noch eine Ruine übrig, die nicht wieder aufgebaut wurde. Mysteriös ist eine Säule, die körperliche und geistige Kraft spenden soll.

- Dominiiklaste kloostri, Vene 16

Infos

- **Tallinn Tourist-Information** in der Altstadt: Niguliste 2/Kullassepa 4, 10146 Tallinn,

039lg Foto: md

▶Renoviertes Jugendstil-Haus

Tel. +372 (0) 6457777, www.tourism.tallinn.ee, E-Mail: turismiinfo@tallinnlv.ee, geöffnet: Mai–Juni Mo.–Fr. 9–19, Sa. u. So. 10–17 Uhr, Juli–Aug. Mo.–Fr. 9–20, Sa. u. So. 10–18 Uhr, Sep. Mo.–Fr. 9–18, Sa. u. So. 10–17 Uhr

- **Tallinn Card.** Preis: für 6 Std. 185 kr (12 €), für 24 Std. 375 kr (24 €), erhältlich bei der Tourist-Information. Die Karte bietet kostenlose Stadtrundfahrten, Busbenutzung, Eintritt zu 40 Museen und Sehenswürdigkeiten, Nachlass in Restaurants und Geschäften.

Einkaufen

- **Asuurkeraamika,** Pikk 33. Sechs Künstler verkaufen ausgefallene Keramikobjekte in einer Mischung aus Werkstatt und Laden.
- **Mõisakeraamika,** Sadama 8 (Sada Markt). Angeboten werden Vasen, Kerzenständer und Keramikfiguren.
- **Meistrite Hoov** (Hof der Meister), Vene 6. In diesem mittelalterlichen Hof wird neben Schmuck auch Kunsthandwerk verkauft. Nicht zu vergessen: die Naschereien.
- **Eesti Käsitöö,** Pikk 22. Es werden Strickwaren für höchste Ansprüche angeboten. Außerdem gibt es Keramik und Kunsthandwerk, nur aus natürlichen Materialien.

Es befinden sich auch viele Verkaufsstände mitten in der Altstadt, die traditionelle Strickwaren günstig anbieten.

Veranstaltungen

- **Altstadt-Tage,** www.vanalinnapaevad.ee, Ende Mai–Anfang Juni. Thema des Festes ist das Mittelalter. Gaukler, Künstler und Artisten beleben die Straßen der Altstadt. Händler verkaufen ihre Waren auf mittelalterlichen Märkten.

040lg Foto: pl, www.pixelio.de

Finnland

Sprache Finnisch, Schwedisch; Englisch ist weit verbreitet.

Währung Euro

Trinkgeld Ist in Finnland nicht üblich.

Öffnungszeiten Allgemein: Mo.–Fr. 9–18 Uhr, Sa. 9–15 Uhr. Kaufhäuser sind bis 21 bzw. 18 Uhr geöffnet. Auf den Åland Inseln sind die meisten Geschäfte auch sonntags geöffnet.

Åland Inseln

Der 6500 Inseln umfassende Archipel stellt eine Besonderheit dar. Zwischen Schweden und Finnland gelegen, gehört er zwar zu Finnland, ist aber weitgehend autonom. Nicht Finnisch ist die Amtssprache, sondern Schwedisch. Die Inseln haben sogar eine eigene Flagge. Von den 26.000 Inselbewohnern leben 10.600 in der „Hauptstadt" Mariehamn.

Mariehamn

Die Schiffe machen im Västerhamn (Westhafen) fest.

Kurz und bündig 1861 schenkte der russische Zar *Alexander II.* seiner Frau *Marie* die auf einer schmalen Landzunge gelegenen Stadt. Die breiten Straßen und russischen Holzhäuser wurden am Reißbrett geplant. Die schachbrettartig angelegten Straßen machen die Orientierung einfach.

In die Stadt Es sind nur wenige Schritte bis zum Zentrum.

Rundgang Neben der Anlegestelle der Kreuzfahrtschiffe ist die **„Pommern"** festgemacht, deren Schwesterschiff – die „Passat" – in Travemünde ankert. Die Viermastbark ist vollständig im Original erhalten. Als Museumsschiff kann es besichtigt werden und zeigt im Inneren die beengten Verhältnisse für die Besatzung. Das 1903 für eine deutsche Reederei gebaute Frachtsegelschiff kam 1923 nach Mariehamn. Im gegenüberliegenden **Schifffahrtsmuseum** sind Gegenstände aus der Zeit der Segelschiffe zu sehen.

- Ålands Sjöfartsmuseum, Hamngatan 2, geöffnet: Mai/Juni/Aug. tgl. 10–16 Uhr, Juli tgl. 9–16 Uhr, Eintritt: 5 €, Kombikarte „Pommern" und Museum 8 €

Am Schifffahrtsmuseum beginnt die **Storagatan.** Ihr folgt man bis zur Västra Esplanadgatan. Drei Querstraßen weiter nach rechts mündet die **Mariegatan** ein. Hier, und in der Parallelstraße **Skillnadsgatan,** stehen die schönsten und ältesten Holzhäuser. Es ist der älteste Teil der Stadt. Beide Straßen enden in der Ålandsvägen. Nach rechts geht es zurück zur Esplanadgatan. Unter alten Linden kann hier gebummelt werden. Am Ende der Esplanadgatan beginnt die Haupteinkaufsstraße Torggatan. In der kopfsteingepflasterten Fußgängerzone und den benachbarten Straßen Norregatan und Nygatan reiht sich Geschäft an Geschäft.

041lg Foto: wi, Jürgen Howaldt, www.wikipedia.org

▶ Die „Pommern", das Schwesterschiff der „Passat" in Travemünde

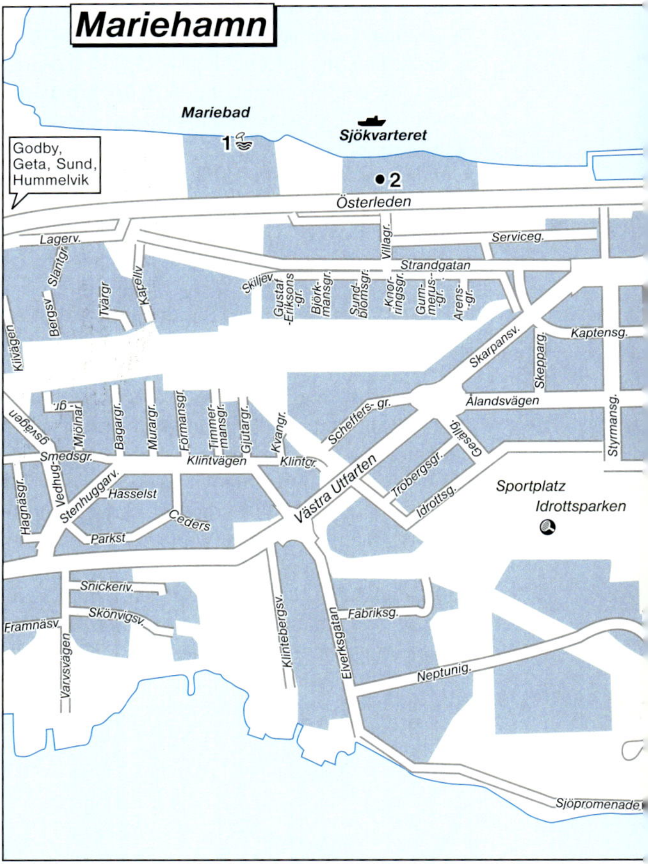

Legende zum Cityplan Mariehamn

♨	1	Strandbad
●	2	Seequartier
Ⓜ	3	Åland Museum
Ⓜ	4	Kunstmuseum
ℹ	5	Touristinformation
★	6	alte Holzhäuser
★	7	Museumsschiff „Pommern"
Ⓜ	8	Schifffahrts-museum
⛴	9	Anlegestelle für Kreuzfahrtschiffe

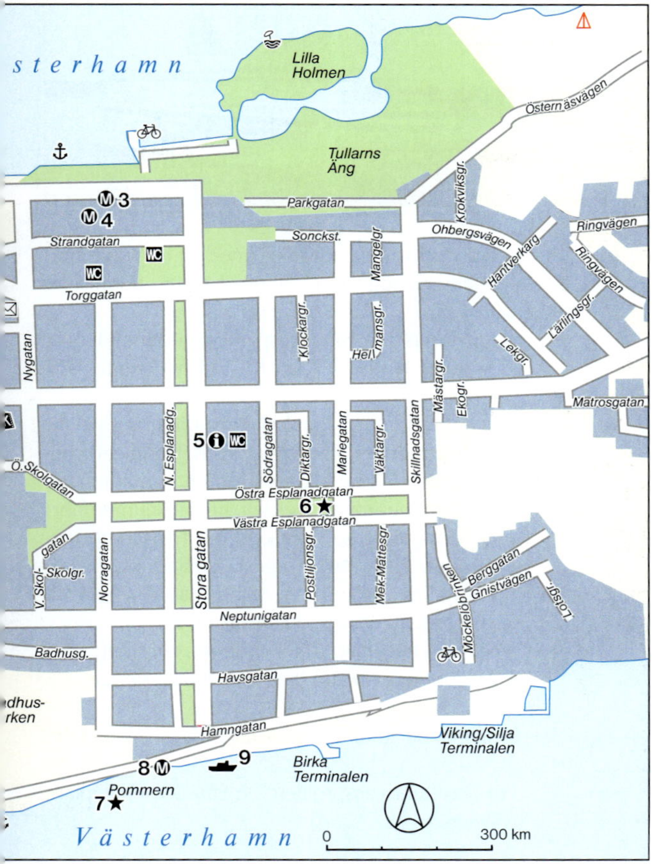

Der Nygatan nach rechts folgend, kommt man zum **Osthafen.** Nicht nur bei Regen sind das **Åland Museum** und das **Kunstmuseum** einen Besuch wert.

Das Åland Museum beschäftigt sich mit der Entwicklung der Åland Inseln von der Steinzeit bis zur Neuzeit.

- Åland Museum, Stadshusparken, geöffnet: Juni–Aug. tgl. 10–17 Uhr, Eintritt: 4 €.

Finnland

0431g Foto: wi, www.wikipedia.de

Im Sommer drängeln sich die Fähren vor Mariehamn

Das Kunstmuseum zeigt moderne Werke und ist gleichzeitig Ausstellungsort für åländische Künstler.

- Kunstmuseum, Stadshusparken, geöffnet: Juni u. Aug. tgl. 10–17 Uhr, Juli 10–18 Uhr, Eintritt: 4 €

Es geht am Hafen in nördlicher Richtung weiter zum **Seequartier.** Zwischen Werft, Handwerksbetrieben und Schmiede geht es richtig maritim zu. Alles kann besichtigt werden. Im Museum erfährt man viel über Bootsbau und die typischen Bauernboote. Eine ausgiebige Besichtigung macht hungrig. Im Café gibt es Åland-Pfannkuchen mit Zwetschgencreme und Schlagsahne.

- Seequartier, Werft und Museum, geöffnet: 15. Juni–15. Aug. täglich 10–18 Uhr, übrige Zeit: Mo.–Fr. 9–17 Uhr
- Schmiede, geöffnet: Juni–Juli Mo.–Fr. 12–16 Uhr

Für den Rundgang sollten 2½ Stunden eingeplant werden.

Landpartie

Schloss Kastelholm war ursprünglich eine Verteidigungsburg, die zum Schloss umgebaut wurde. Nach einem Brand Ende des 17. Jahrhunderts verfiel es, wurde aber teilweise restauriert.

- Schloss Kastelholm, geöffnet: Mai und Sep. täglich 10–16 Uhr, Juni und Aug. täglich 10–17 Uhr, Juli täglich 10–18 Uhr, Eintritt kostet 5 €

Neben dem Schloss befindet sich das Freilichtmuseum **Jan Karlsgåden.** Ausgestellt sind Maibäume mit bunten Mittsommerkronen, Windmühlen und ein Bauernhof aus dem 19. Jahrhundert.

Schloss und Museum sind ca. 25 km von Mariehamn entfernt. Entweder man mietet ein Auto oder nimmt den Bus Nr. 4, Fahrzeit ca. 30 Minuten.

Ein kurzes Stück weiter liegt die **Festung Bomarsund.** 1832 von den Russen erbaut, sollte sie eine mächtige Festung mit 15 Wachtürmen und je 20 Kanonen werden. Aber schon 1854 wurde Bomarsund von englisch-französischen Truppen zerstört. Zu besichtigen sind die verschiedenen Ruinen, russische Friedhöfe und der höchste Leuchtturm der Inseln mit fantastischem Meerblick.

Ebenfalls mit dem Bus Nr. 4 zu erreichen, Fahrzeit ca. 40 Minuten.

Das Besondere

Ausgefallenen ist der Schmuck aus rotem Åland-Granit.

- **Schmuckschmiede Guldviva** im Seequartier. Geöffnet: Mo.–Fr. 10–17 Uhr, Sa. 11–14 Uhr

Infos

- **Ålands Touristeninformation,** Storagatan 8, 22100 Mariehamn, E-Mail: info@visitaland.com, www.visitaland.com, Tel. +358 (0) 1824000, geöffnet: 1.–12. Juni und 15.–31. Aug. Mo.–Fr. 9–17 Uhr, Sa./So. 9–16 Uhr. 13. Juni–14. Aug. tgl. 9–18 Uhr

Autovermietung

Die Autos werden zum Hafen gebracht. Sie können auch für 3 oder 6 Stunden gemietet werden. Allerdings ist bei dieser Zeitdauer keine Vorbestellung möglich.

- **Rundbergs Bil & Service AB,** Strandgatan 1 B, 22100 Mariehamn, E-Mail: rbs@rundbergs.com, www.rundbergs.com, Tel. +358 (0) 1815222

Einkaufen

Spezialitäten sind Räucherlachs, Kastelholm Käse und eingelegter Strömling. Da zollfrei, ist Kunsthandwerk hier billiger als auf dem Festland.

Helsinki

Die Schiffe machen im Södra hamnen (Südhafen) fest.

Kurz und bündig

Helsinki wurde 1550 durch den schwedischen König *Gustav Vasa* gegründet. In der nach Reykjavik nördlichsten Hauptstadt der Welt leben ca. 560.000 Einwohner. Oft durch Brände zerstört, hat das heutige Stadtbild der Berliner Architekt *C. L. Engel* geprägt.

In die Stadt

Vom Hafen sind es ca. 15 Minuten bis zum Marktplatz.

Rundgang

Kurz vor der Innenstadt, am Nordic Jet Line Terminal, folgt man der Satamak nach rechts. In der Querstraße, Kanavakatu, liegt auf einer Anhöhe die **Uspenski-Kathedrale.** Beeindruckend ist die Ikonenwand.

- Uspenski-Kathedrale, Kanavakatu 1, geöffnet: Mai–Sept. 9.30–16, Sa. 9.30–14 Uhr, So. 12–15 Uhr, Eintritt: frei

▼ Auf einer Anhöhe liegt die Uspenski-Kathedrale

042lg Foto: pl, M. Schweizer, www.pixelio.de

Am Hafen öffnet sich der **Markt** mit der historischen **Markthalle** von 1889. Hier türmen sich die Delikatessen.

- Markt, geöffnet: Mo.–Fr. 6.30–18 Uhr, Sa. 6.30–16 Uhr

Vom Marktplatz geht es über die Sofiankatu direkt zum **Senatsplatz.** Eingerahmt wird er vom **Regierungspalais** (Ostseite) und dem **Universitätsgebäude** (Westseite). Über allem thront der **Dom** mit seiner großen Kuppel, der über viele Stufen zu erreichen ist.

- Dom, Unioninkatu 29, geöffnet: Mo.–So. 9–23 Uhr, Messe: So. 10 Uhr, Eintritt: frei

Rechts vom Dom beginnt die belebte Einkaufsstraße **Aleksanterinkatu.** Hier geht es weltlich zu: Geschäfte, Straßencafés und Straßenmusikanten.

An der Keskuskatu biegt man nach rechts zum **Bahnhof** ab. Nationalromantisch nannte der finnische Stararchitekt *Eliel Saarinen* seinen Stil, in dem er den Bahnhof baute. Am Eingang halten zwei Muskelprotze aus Stein Leuchten in den Händen.

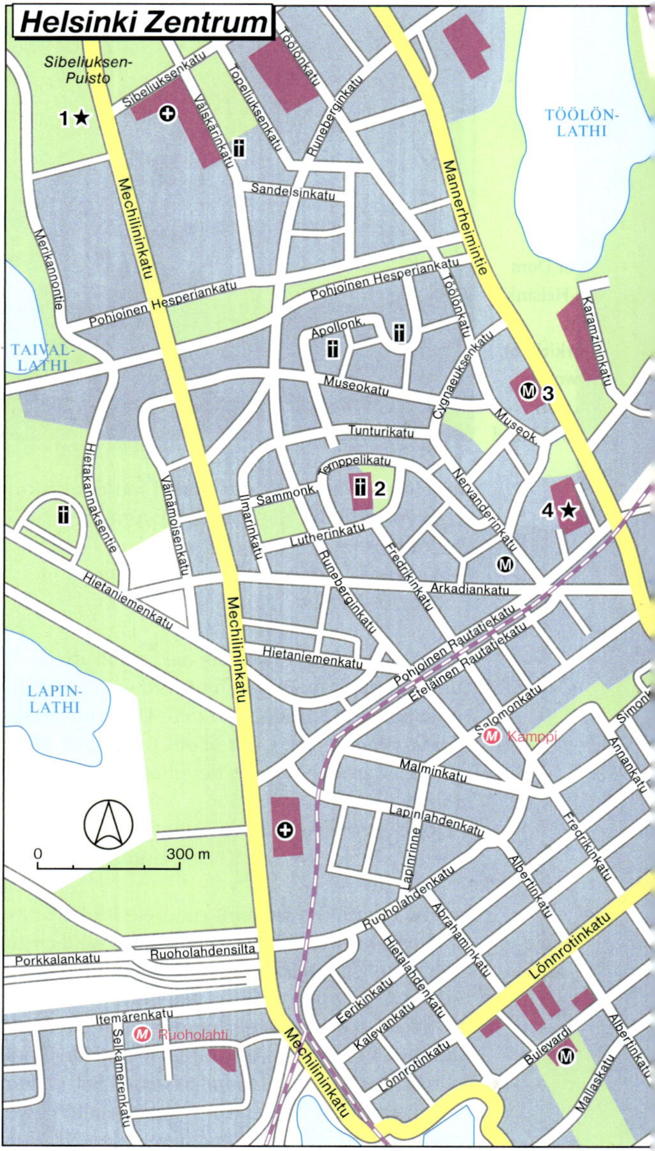
Helsinki Zentrum
Sibeliuksen-Puisto
TÖÖLÖN-LATHI
TAIVAL-LATHI
LAPIN-LATHI
Mechilininkatu
Mannerheimintie
Sibeliuksenkatu
Valskärinkatu
Topeliuksenkatu
Töölönkatu
Runeberginkatu
Sandelsinkatu
Merikannontie
Pohjoinen Hesperiankatu
Apollonk.
Museokatu
Tunturikatu
Temppelikatu
Sammonk.
Lutherinkatu
Ilmarinkatu
Väinämöisenkatu
Hietakannaksentie
Hietaniemenkatu
Cygnaeuksenkatu
Museok.
Nervanderinkatu
Karamzininkatu
Fredrikinkatu
Arkadiankatu
Pohjoinen Rautatiekatu
Eteläinen Rautatiekatu
Salomonkatu
Kamppi
Simonk.
Annankatu
Malminkatu
Lapinlahdenkatu
Lapinrinne
Albertinkatu
Ruoholahdenkatu
Abrahaminkatu
Hietalahdenkatu
Lönnrotinkatu
Eerikinkatu
Kalevankatu
Bulevardi
Mallaskatu
Porkkalankatu
Ruoholahdensilta
Itemärenkatu
Selkämerenkatu
Ruoholahti
0
300 m
1
2
3
4

Eläintarhantie
Hämeentie
Sörnäistenrantatie
Hakaniemi
ELÄINTARHAN-
LATHI
Hakaniemen-
tori
Siltasaarenkatu
Hakaniemen katu
Hakaniemenranta
Pitkänsillanranta
Hakaniemen silta
Kaisaniemenranta
Pitkäsilta
Siltavuorenranta
Kaisaniementie
Botanischer Garten
6
Liisankatu
Snellmaninkatu
Mariankatu
Meritullinkatu
Puutarhakatu
Unioninkatu
5
Bahnhof
Vilhonkatu
Kaisaniemi
Kaisaniemenkatu
Fabianinkatu
Rautatien-
tori
Rauhankatu
Kirkkokatu
Pohjoisranta
9
Kaivokatu
Mikonkatu
Yliopistonkatu
10
Rautatientori
Senatintori
Aleksanterinkatu
Mannerheimintie
Keskuskatu
Sofiankatu
11
7
Kanavakatu
Satamak.
12
Pohjoisesplanadi
Katajanokanlaituri
8
13
Eteläesplanadi
Yrjönkatu
Korkeavuorenkatu
Kasarmikatu
Unioninkatu
Eteläranta
Kasarmi-
tori
ETELÄSATAMA
Uudenmaan
Annankatu
Laivasillankatu
Fredrikinkatu
Ratakatu
Tähtitornin
Vuori
Tähtitorninkatu
Legende siehe Seite 133

Weniger Kraft ist nötig, um das Bierglas bei der **SpåroKOFF Tour** zu halten. Die rote Straßenbahn lädt zur Stadtrundfahrt bei Bier und Cidre ein.

- SpåroKOFF Tram Tour, Mikonkantu (rechts am Bahnhofsplatz gelegen), Abfahrt: 16. Mai–26. Aug. um 14, 15, 17, 18, 19, 20 und 21 Uhr, Fahrpreis: 8 €

Rechts am Bahnhof, am Nationaltheater vorbei, liegt in der Kaisaniemente der **Botanische Garten.** Die tropischen Gewächshäuser im Norden des Gartens sind geöffnet: 1. Apr.–30. Sep. Di.–So. 10–17 Uhr. Der die Gewächshäuser umgebende Park ist ganzjährig geöffnet. Eintritt: Park: frei, Gewächshäuser: 4,20 €.

Vom Bahnhof geht es zurück zur **Esplanadi.** Ein Park unterteilt die Prachtstraße. Auf beiden Seiten reihen sich die Designer-Läden aneinander. Täglich treffen sich hier Tausende zum Sehen und Gesehen werden. Ein Muss sind das **Café Kappeli** oder das Café Savoy. Beide gut, aber sündhaft teuer.

▼ Sibeliusdenkmal

045lg Foto: pl, www.pixelio.de

Legende zum Cityplan Helsinki, S. 130

★	1	Sibeliuspark und Sibeliusmonument		7	Kaufhaus Stockmann
	2	Felsenkirche		8	Café Kappeli
Ⓜ	3	Nationalmuseum		9	Toumiokirkko (Dom)
★	4	Reichstag	★	10	Senatsplatz
★	5	Bahnhof		11	Uspenski-Kathedrale
★	6	Botanischer Garten		12	Markthalle
				13	Schiffsanleger

Ab der Mannerheimvägen nimmt man am besten ein Taxi ins elegante Töölö-Viertel mit der **Felsenkirche.** Tonnenweise Fels wurde für den Bau herausgesprengt. Eine 22 m hohe Kuppel, innen mit Kupferdraht verkleidet, bildet das Dach.

- Tempellinaukio, Lutherinkatu 3, geöffnet: Mo./Mi. 10–17 Uhr, Di. 10–12.45 und 14.15–17 Uhr, Do./Fr. 10–20 Uhr, Sa. 10–18 Uhr, So. 11.45–13.45 und 15.30–18 Uhr

Über die Mechetingatan geht es zum **Sibeliuspark** mit dem **Sibelius-Monument.** Von dem an eine Orgel erinnernden Monument waren die Einwohner Helsinkis nicht begeistert. Der finnischer Komponist *Jean Sibelius* (1865–1957) hat nie ein Orgelwerk komponiert. Um weiteren Ärger zu vermeiden, wurde noch schnell seine Büste dazugestellt.

- Sibeliuspark, Mechelininkatu 38

Für den Rundgang sollten ca. 3 Stunden eingeplant werden.

Landpartie Die Tour zur Felseninsel **Soumenlinna** in der Bucht vor Helsinki dauert ca. 3 Stunden. Die Offiziershäuser zeugen noch von den schwedischen und russischen Besatzern, die von hier die Schiffe kontrollierten. Die Kirche krönte einst ein Zwiebelturm, der heute aber mit einer Kuppel überbaut ist. Oben auf der Spitze weist das Leuchtfeu-

0461g Foto: md

▲ Der Senatsplatz mit dem Denkmal von Zar Alexander II.

er Schiffen den Weg. Die Festungsmauern sind noch komplett erhalten. Info-Schilder erklären die Teile der Festung. Das Museum führt noch weiter in die Festungsgeschichte.

Die Fähren fahren etwa alle 20 Minuten direkt am Marktplatz ab, Fahrpreis hin- und zurück beträgt 7,60 €. Die Festung ist ganzjährig geöffnet.

Das Besondere

Die **Helsinki Card** ist für 24 Stunden gültig und kostet 33 €. Im Preis inbegriffen ist eine Audio City Tour (ohne Karte bereits 25 €), kostenlose Bus- und Straßenbahnfahrten, Eintritt in Museen, Ausflug nach Soumenlinna. Die Helsinki Card ist erhältlich in Helsinki City Tourist & Convention Bureau. Mit den **Straßenbahnlinien 3T und 3B,** ab Kauppatori (Marktplatz), fährt man an fast allen Sehenswürdigkeiten vorbei. Die Straßenbahn fährt ca. alle 10 Minuten, Fahrpreis: 6,80 € für die Rundfahrt.

Euromünzen

Münzsammler sollten bei einer Bank nach finnischen Euromünzen fragen. Ein- und Zwei-Cent-Münzen sind nicht im freien Umlauf und daher besonders begehrt!

Infos

- **Helsinki City Tourist & Convention Bureau** (erkennbar am weißen „I“ auf grünem Grund), Pohjoisesplanadi 19, Tel. +358 (0) 931013300, E-Mail: tourist.info@hel.fi, www.visithelsinki.fi, in der Hauptsaison geöffnet: 2. Mai–30. Sep. Mo.–Fr. 9–20 Uhr, Sa./So. 9–18 Uhr

Einkaufen

Im größten Kaufhaus Nordeuropas **Stockmann** wird man garantiert fündig.

- Stockmann, Ecke Aleksanterinkatu und Mannerheimintie

Kleinere Geschäfte befinden sich in der Pohjois Esplanade und der Etelä Esplanade.

Kemi

Kurz und bündig

Die Stadt Kemi liegt am nördlichen Ende des Bottnischen Meerbusens. Hier mündet der Kemi, mit 512 km der längste Fluss Finnlands, in die Ostsee. Im Jahre 1869 erhielt Kemi das Stadtrecht. Heute leben in der Stadt ca. 25.000 Einwohner.

In die Stadt

Vom Hafen zur Stadt sind es ca. 10 km. Es fahren aber Taxis.

047lg Foto: ki, The Photo Gallery of the City of Kemi

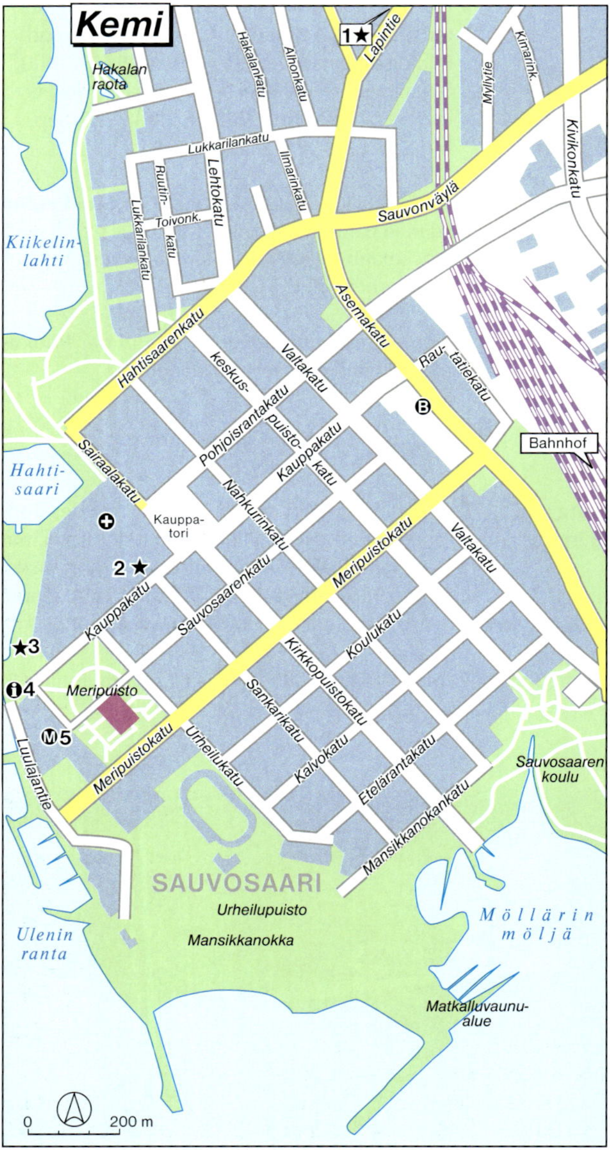
Kemi
Hakalan raota
Hakalankatu
Alhonkatu
Lapintie
1★
Myllytie
Kimarink.
Kivikonkatu
Lukkarilankatu
Lehtokatu
Ruutin-katu
Ilmarinkatu
Sauvonväylä
Toivonk.
Lukkarilankatu
Kiikelin-lahti
Asemakatu
Hahtisaarenkatu
keskus-puisto-katu
Valtakatu
Rau-tatiekatu
Pohjoisrantakatu
Kauppakatu
Bahnhof
Sairaalakatu
Hahti-saari
Nahkurinkatu
Kauppa-tori
2 ★
Meripuistokatu
Valtakatu
Sauvosaarenkatu
Kauppakatu
★3
Koulukatu
Kirkkopuistokatu
4
Meripuisto
Sankarikatu
5
Luulajantie
Meripuistokatu
Urheilukatu
Kalvokatu
Eteläantakatu
Sauvosaaren koulu
Mansikkanokankatu
SAUVOSAARI
Urheilupuisto
Mansikkanokka
Möllärin mölja
Ulenin ranta
Matkailuvaunu-alue
0
200 m

Legende zum Cityplan Kemi

★	1	„Weihnachtsmann-Dorf" in Rovaniemi	★	3	Eisbrecher „Sampo"
★	2	Edelsteingalerie	🛈	4	Touristinformation
			Ⓜ	5	Heimatmuseum

Rundgang

Gleich im Hafen ankert eine Sehenswürdigkeit, der Eisbrecher **„Sampo"**. Im Winter werden mit dem Schiff Fahrten in die zugefrorene Ostsee unternommen. Im Sommer liegt „Sampo" fest vertäut am Kai und wird als Restaurant benutzt. Der Eisbrecher kann aber besichtigt werden.

- Sampo Tours, Kauppakatu 16, 94100 Kemi, Tel. +358 (0) 16258878. Das Schiff kann täglich von 12 bis 16 Uhr besichtigt werden. Gleichzeitig ist auch das Restaurant geöffnet.

Es lohnt sich, gleich mit dem Taxi in die Stadt zu fahren, um die sehenswerte **Edelsteingalerie** zu besuchen. Es sind über 3000 Edelsteine und Nachbildungen der englischen und finnischen Krone ausgestellt. In der Goldschmiede kann bei der Schmuckherstellung zugesehen werden. Das Wissen über die Entstehung von Edelsteinen wird in einer Ausstellung dokumentiert.

048lg Foto: ki, The Photo Gallery of the City of Kemi

▶ Finnische Königskrone in der Edelsteingalerie

049lg Foto: pl

▲ Briefe an den Weihnachtsmann

- Edelsteingalerie, Kauppakatu 29, geöffnet: Mo.–So. 9–17 Uhr, Eintritt: 7 €.

Anschließend kann man noch durch die Stadt bummeln, die aber nicht viel bietet.

Landpartie

Man kann eine Fahrt mit dem Mietwagen zum St. Nikolaus, finnisch *Joulupukki,* in **Rovaniemi** unternehmen. Die Stadt liegt am Polarkreis, ca. 115 km von Kemi entfernt. Im **Weihnachtsmann-Dorf** kann der Nikolaus das ganze Jahr besucht werden, hier herrscht auch im Sommer Weihnachtsstimmung. Es können Weihnachtsgrüße im Voraus bestellt werden.

- Santa Claus Hauptpostamt, Joulupukin Kajakylä, geöffnet: 9–19 Uhr

Sehenswert ist das **Arktikum.** Es zeigt das Leben der Menschen in der Arktis und ihre Kulturen. Im Kino gibt es ganzjährig das Polarlicht zu sehen.

- Arktikum, Pojjoisranta 4, geöffnet: Juni–Sep. 10–18 Uhr, Eintritt: 12 €

Infos

- **Kemi Tourist Information,** Kauppakatu 29, 94100 Kemi, Tel. +358 (0) 405682069, E-Mail: kemin.matkaitu@kemi.fi, www.kemi.fi, geöffnet: April–Juni Mo.–Fr. 8–16 Uhr, Juli–Aug. Mo.–So. 9–17 Uhr, ab Sep. Mo.–Fr. 8–16 Uhr

Autovermietung

- **Europcar,** Pohjoisrantakantu 2L30, 94100 Kemi, Tel. +358 (0) 62873, E-Mail: kemi@europcar.fi

Einkaufen

- **Satulli,** Keskuspuistokatu 10, witzige Ohrenschützer, Wollsocken, große Auswahl an Kerzen
- **Lappituote,** Korjaamontie 7, Souvenirs für jeden Geschmack

Rauma

Kurz und bündig

Dem schützenden Naturhafen verdankt die Stadt ihre Entstehung. Mit ihren alten Holzhäusern ist Rauma UNESCO-Weltkulturerbe.

In die Stadt

Es fährt ein öffentlicher Bus direkt vom Hafen in die Stadt. Haltestelle: Anderssonintie. Für die 1,5 km lange Strecke benötigt der Bus ca. 10 Minuten.

Rundgang

Um den Erhalt der Altstadt kümmern sich die 800 Menschen, die in den historischen Häusern leben. Bunt gestrichen säumen die Häuser die Kopfsteinpflastergassen. Die Altstadt ist aber auch voller Leben, mit zahlreichen Ateliers und Geschäften.

Der Rundgang beginnt am **Marktplatz.** Er ist Mittel- und Treffpunkt der Altstadt. Nach dem Einkauf trifft man sich an den traditionellen Kaffeebuden zu Plausch, Kaffee und Gebäck. Das Rathaus zeigt im **Museum** besonders schöne Stücke aus der alten Tradition des Spitzenklöppelns.

- Rathaus mit Museum, Kauppakatu 13, geöffnet: 15. Mai–1. Sep. 10–17 Uhr

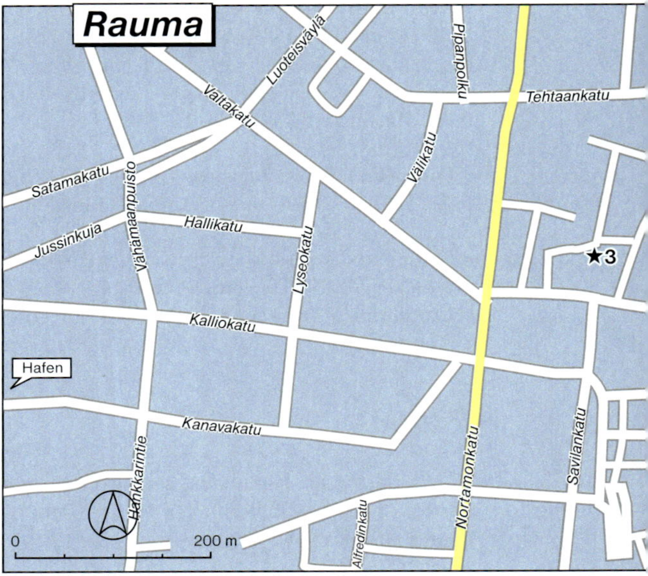

Legende zum Cityplan Rauma

★	1	Armenhaus	★	4	Marela Haus
⛪	2	Kirche „Zum Heiligen Kreuz“	★	5	Marktplatz
★	3	Atelier von Kerttu Horila	Ⓜ	6	Rauma Museum
			★	7	Rathaus

Das **Marela Haus** gehörte einst dem reichsten Reeder der Stadt. Es zeigt das Leben zur Zeit der Wende vom 19. zum 20. Jahrhundert.

- Marela Haus, Kauppakatu 24, geöffnet: 15. Mai–1. Sep. 10–17 Uhr

Geradeaus führt die Isokirkkokatu an der Schule vorbei zur Kirche **Zum Heiligen Kreuz.** Sehenswert sind die alten Fresken und Votivgaben mit alter Spitze. Der Turm diente früher den Seefahrern als Landmarke.

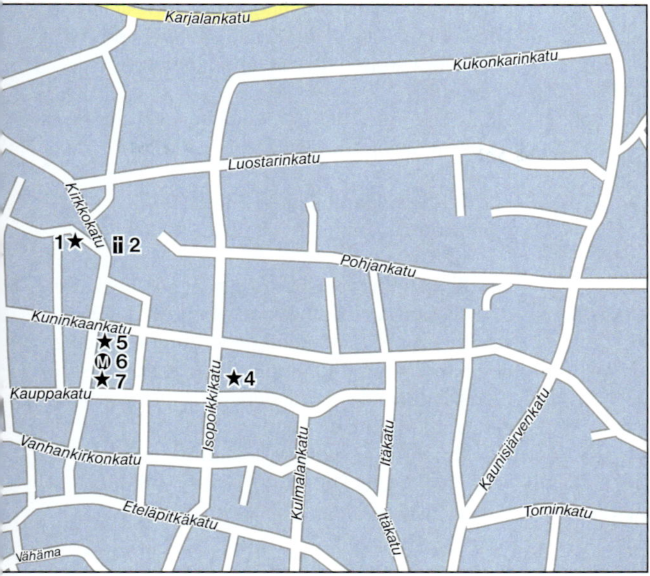

▼ Bunt gestrichene Häuser in der Altstadt von Rauma

Der Weg führt nach links in die Vähäkoulukantu, mit dem **Armenhaus** aus früher Zeit. Selbst hier wurde früher geklöppelt, um etwas Geld für den Lebensunterhalt zu verdienen.

Links, in der Länsikatu, findet man das Atelier der anerkannten Künstlerin *Kerttu Horila*. Berühmt ist sie für ihre großen Menschenskulpturen.

Nach Überquerung der Kuninkaankatu geht es rechts herum zurück zum Markt.

Für den Rundgang sollten ca. 2 Stunden eingeplant werden.

Das Besondere

Das **Schifffahrtsmuseum** zeigt neben Seekarten und Globen auch Fotos vom Leben auf den Segelschiffen. Als Besonderheit beherbergt es auch einen Simulator mit Ruder, Radar und Kompass, in dem Fahrten auf verschiedenen Schiffstypen simuliert werden können.

- Schifffahrtsmuseum, Kalliokatu 34, geöffnet: tgl. 12–16 Uhr, Eintritt: 7 €. Es liegt an der Buslinie vom Hafen zur Altstadt.

Infos

- **Rauma Regional Tourist Office,** Valtakatu 2, 26100 Rauma, Tel. +358 (0) 2 83787731, 83787730, E-Mail: matkailu@rsk.fi, www.visitrauma.fi, www.rauma.fi, geöffnet: 15. Juni–30. Aug. Mo.–Fr. 8–18 Uhr, Sa. 10–15 Uhr, So. 11–14 Uhr

Einkaufen

- **Pits-Priia,** Kauppakatu 29. Hier gibt es die traditionellen Spitzenarbeiten.
- **FormArt,** Kuninkaankatu 27. Hier gibt es handbedruckte Textilien.

Turku

Kurz und bündig

Turku gilt als die älteste Stadt Finnlands. Sie wurde im Jahre 1157 als Missionsstation gegründet und erhielt 1525 das Stadtrecht. Bis 1812 war Turku die Hauptstadt Finnlands. Mit ca. 175.000 Einwohnern ist Turku die fünftgrößte Stadt Finnlands.

0521g Foto: pl, Michael Krause, www.pixelio.de

Finnland

In die Stadt Vom Hafen ins Zentrum sind es ca. 1,5 km. Direkt vor der Burg fährt die Linie 1 in 10 Minuten in die Stadt.

Rundgang Direkt am Hafen steht die alte **Burg Turun linna.** Ihre Geschichte geht auf das Jahr 1280 zurück. In vielen Kriegen wurde sie immer wieder zerstört, aber auch immer wieder aufgebaut. Erst seit einem Brand im Jahr 1614 blieb nur noch die Vorburg erhalten. Zugänglich sind Festsäle und Schlosskapelle. Das Museum informiert über die Geschichte der Burg und Finnlands.

- Turun linna, Linnankatu 80, geöffnet: 16. April–16. Sep. 10–18 Uhr, Eintritt: 7,50 €, mit Turku Card frei

▲ Einfahrt in den Hafen von Turku

Mit der Buslinie 1, Abfahrt direkt vor der Burg, geht es in die Stadt zum Marktplatz. Auf dem täglich stattfindenden **Markt** und in der hundertjährigen **Markthalle** werden außer Obst und Gemüse auch Textilien und Souvenirs verkauft. Vom Markt kommend, direkt am Fluss, ist in einem der ältes-

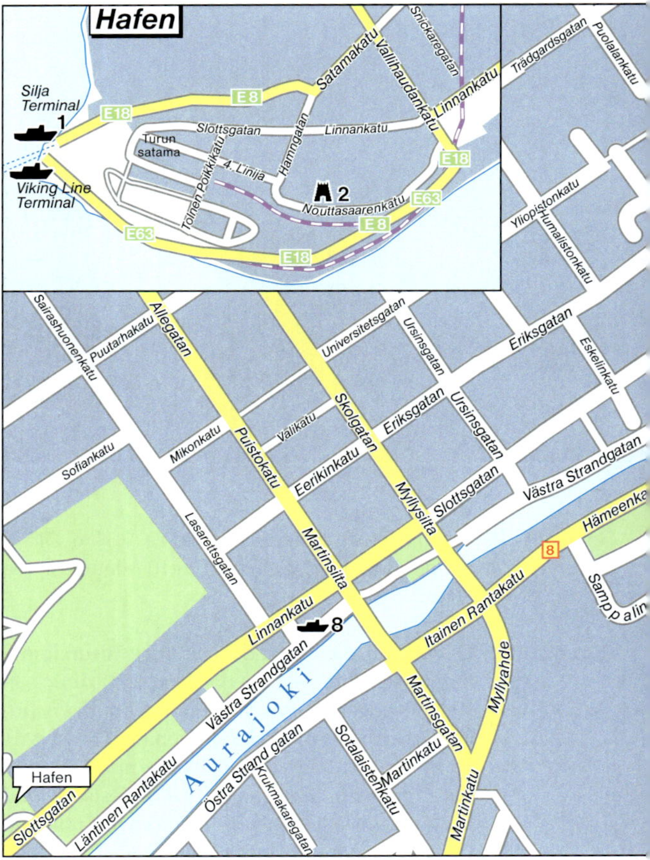

Legende zum Cityplan Turku

1 Zur Insel Ruissalo
2 Burg Turun linna
3 Hansaviertel
4 Markt
5 Dom
6 Touristeninformation
7 Apothekenmuseum
8 Anlegestelle M/S Rudolfina

ten Gebäude das **Apothekenmuseum** untergebracht. Alte Apothekergeräte, das Labor und der Kräuterraum können besichtigt werden.

- Apteekkimuseo, Läntinen Rantakatu 13, geöffnet: 2. Mai–19. Sep. Di.–So. 10–18 Uhr, Eintritt: 7 €, mit Turku Card frei

Entlang des Flusses nach rechts geht es über die Brücke zum **Dom.** Er ist das Wahrzeichen Turkus und das Nationalheiligtum Finnlands. Erbaut wurde der Dom 1229. In einem Sarkophag ist *Karin Månsdotter,* die einzige finnische Königin, bestattet. In weiteren Gräbern liegen die Überreste weiterer berühmter Finnen. Sehenswert sind die Fresken und Glasmalereien. Nach der Besichtigung kann man im Domcafé entspannen.

▼ Der Dom von Turku

0531g Foto: ibt, Heli Lempa

- Turun Tuomiokirkko, Tuomiokirkkotori 20, geöffnet: 16. Apr.–15. Sep. 9–20 Uhr

Der breiten Hämenkatu nach rechts folgend, erreicht man bald das alte **Handwerkerviertel.** Es blieb beim großen Feuer von 1827 verschont. Viele der alten Häuser sind somit erhalten geblieben und beherbergen Werkstätten. Den Künstlern kann bei der Arbeit zugesehen werden. Im Luostarinmäen käsityölaismuseo (Handwerksmuseum) wird in 30 Werkstätten die Arbeit der Handwerker um 1800 dargestellt.

- Luostarinmäen käsityöläismuseo, Vartiovuorenkatu 2, geöffnet: 2. Mai–19. Sep. Di.–So. 10–18 Uhr, Eintritt: 7 €, mit Turku Card frei

Für den Rundgang sollten 3 Stunden eingeplant werden.

Landpartie

Vom Marktplatz geht es mit dem Bus Nr. 8 zur **Insel Ruissalo.** Die Insel ist ca. 8 km von der Innenstadt entfernt. In den Wäldern oder im Botanischen Garten kann ein Spaziergang gemacht werden. Strände laden zum Baden oder Picknick ein und die eleganten Holzhäuser sind sehenswert.

Für den Ausflug sollten ca. 3 Stunden ohne Fahrtzeit (ca. 45 Minuten) eingeplant werden.

Das Besondere

Die **Turku Card,** erhältlich bei der Tourist Information, kostet 21 € für 24 Std. Damit hat man freien Eintritt in viele Museen, die Benutzung lokaler Busse und die Stadtrundfahrt sind frei.

Mit dem Dampfer lassen sich die Stadt und die Inselwelt vor Turku gut erkunden. Die Fahrt an Bord der **M/S Rudolfina** geht den Fluss Aura entlang, vorbei an der Burg und dann weiter hinaus zu den Inseln. Vom großen Sonnendeck des Schiffes kann Turku aus einer ganz anderen Perspektive gesehen werden.

- M/S Rudolfina, Saaristolaivasatama Läntinen Rantakatu, Tel. +358 (0) 22502995, E-Mail: rudolfina@rudolfina.fi, Abfahrt: Mo.–Sa. 13 und 15 Uhr, So. 13 und 15.30 Uhr, Fahrtdauer: Mo.–Sa. 1½ Std., So. 2 Std., Fahrpreis: 23 bzw. 26 € inkl. Buffet

▼ Schön und romantisch – Insel Ruissalo in der Nähe von Turku

054lg Foto: ibt, Sirke Niemelä

Infos

- **Turku Tourist Information,** Aurakatu 4, 20100 Turku, Tel. +358 (0) 22627444, E-Mail: tourist.info@turku.fi, www.turkutouring.fi, geöffnet: Mo.–Fr. 8.30–18 Uhr, Sa./So. 9–16 Uhr
- **Stadtrundfahrt,** die Tourist Information bietet eine geführte Stadtrundfahrt an. Dauer der Tour: ca. 2½ Std., Preis 17 €, mit Turku Card kostenlos.

Einkaufen

Gleich hinter dem Markt beginnt das **Hansaviertel.** Über 200 Geschäfte, Cafés und Restaurants warten auf Kundschaft.

- Hansa kortteli, am Markt zwischen Eriksgatan und Yliopistonkatu

051lg Foto: pl, Michael Krause, www.pixelio.de

▶ Gemütlich und hübsch – finnische Holzhausarchitektur

Vaasa

Kurz und bündig

Der Name Vaasa geht zurück auf das schwedische Adelsgeschlecht der *Wasa*. König *Karl IX.* gründete die Stadt 1606. Sie liegt an der schmalsten Stelle des Bottnischen Meerbusens, nur 80 km von Schweden entfernt. Vaasa gilt als sonnigste Stadt Finnlands und die rund 57.000 Einwohner genießen den Sommer in den vielen Parks oder am Meer.

In die Stadt

Der Hafen ist 10 km von der Altstadt Vaasa entfernt. Es gibt **keine** öffentlichen Busse.

Infos

- **Vaasa Tourist Office,** Raastuvankatu 30, 65101 Vaasa, Tel. +358 (0) 63251145, E-Mail: touristinfo@vaasa.fi, http://matkailu.vaasa.fi, geöffnet: Mo.–Fr. 10–16 Uhr

Hinweis!

Der Aufenthalt in Vaasa ist wirklich kurz bemessen, sodass Ausflüge auf eigene Faust nicht zu empfehlen sind. Sehenswert ist auf jeden Fall Alt-Vaasa mit den bunten Holzhäusern, kleinen Geschäften und Kunstgalerien.

0551g Foto: md

Lettland

Sprache Lettisch; Englisch ist weit verbreitet, Deutsch weniger.

Währung Lettische Lats (Ls), 1 Ls = 100 Santimi, 1 Ls = 1,41 €, 1 € = 0,71 Ls (Stand: April 2010)

Trinkgeld Falls der Trinkgeldbetrag nicht in der Rechnung enthalten ist, sind in der Regel fünf bis zehn Prozent üblich.

Öffnungszeiten Allgemein sind die Geschäfte Mo.–Fr. von 9–19 Uhr, Sa. von 9–17 Uhr geöffnet. Kleinere Geschäfte schließen über Mittag.

Liepāja (Libau)

Kurz und bündig Ursprünglich war Liepāja ein kleines kurisches Dorf an der Mündung der Liva. Bereits Römer, Byzantiner und Skandinavier trieben hier Handel. Eisfrei im Winter, ist Liepāja ein wichtiger Exporthafen.

In die Stadt Vom Hafen zur Stadt sind es 6 km. Ein Taxi kostet ca. 3,50–5,60 Ls (5–8 €).

Rundgang Die Lielā ielā führt direkt in die Altstadt. Nach einer kurzen Strecke liegt die **Dreifaltigkeitskirche** auf der linken Seite. Sie wurde 1792 für die deutsche Gemeinde gebaut. Von außen unscheinbar, überrascht das Innere mit den Hauptfarben Weiß und Gold. Sehenswert ist die Orgel mit 7000 Pfeifen. Mit etwas Glück probt gerade der Organist. Vom Kirchturm geht der Blick weit über die Stadt.

- Sv. Trīsvienības baznīca, Lielā ielā 9, geöffnet: 10–18 Uhr, Eintritt: frei, Spenden sind aber willkommen

◀ Vorseite: Rathausplatz in Riga mit Rolandstatue

Die Lielā ielā führt weiter ins Herz der Altstadt zum **Rosenplatz** (Rožu laukums). Seit dem Jahr 1912 blühen in dem Rondell 500 Rosen und machen den Platz zu einem beliebten Treffpunkt.

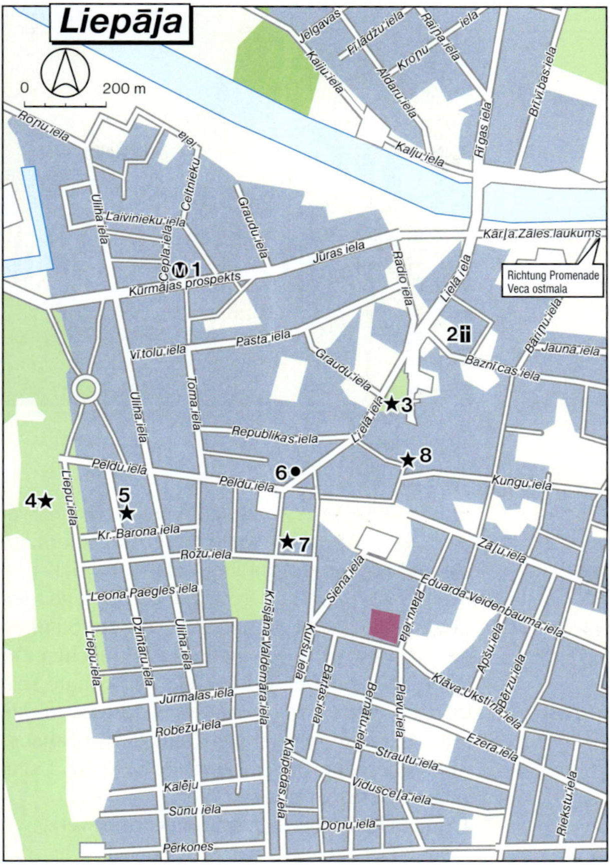

Legende zum Cityplan Liepāja

Ⓜ	1	Liepāja Museum	★	5	Alte Villen
⛪	2	Dreifaltigkeitskirche	•	6	Fußgängerzone
★	3	Rosenplatz	★	7	Petermarkt
★	4	Jurmala Stadtpark	★	8	Peters Häuschen

▶ Die alte Markthalle

Am Rosenplatz beginnt die Zivju ielā. Früher war hier der Fischmarkt. Heute haben sich hier Lettlands Rockmusiker mit ihren Handabdrücken in Bronze verewigt. In der nach links abbiegenden Kungu ielā 2 steht das älteste Haus der Stadt. In der Nr. 24 wohnte einst in **Peters Häuschen** Zar *Peter I.* Gegenüber, Kungu ielā 26, wohnte sein Erzfeind, der schwedische König *Karl XII.* In diesem Gebäude ist jetzt das Haus für Kunsthandwerk untergebracht. Ausgestellt ist die mit 123 m längste Bernsteinkette der Welt.

- Amatnieku nams, Haus für Kunsthandwerk, Kungu ielā 26, geöffnet: Mo.–Fr. 9–17 Uhr, an anderen Tagen nach Anmeldung (Tourismusbüro), Eintritt: frei

Die Kungu ielā zurück und die Zivju ielā überquerend, biegt man nach links in Liepājas neue Fußgängerzone ab. Mussten Fußgänger sich früher die Straße mit Autos und Straßenbahn teilen, können sie heute die **Tirgonu ielā** ungestört entlangbummeln. Am Ende der Tirgonu geht es auf der Peldu ilea entlang zum Jurmala Stadtpark.

Bevor man den Park besucht, lohnt noch ein Abstecher in die gegenüberliegende Kursu ielā. Bereits seit dem 17. Jahrhundert verkaufen auf dem **Petermarkt** Händler ihre Waren. Der 1910 erbaute **Pētertirgus paviljons** dient bis in die Gegenwart als Liepājas Zentralmarkt. Vor dem Pavillion kann man örtliches Kunsthandwerk und Souvenirs erwerben.

- Pētertirgus, Kursu 5–9, geöffnet: Mo.–Sa. 8–18 Uhr, So. 8–14 Uhr

Kurz vor dem Park sind in der Dzintaru ielā und Liepu ielā schöne alte Villen zu sehen. Im **Jurmala Park** führen Spazierwege an 140 verschiedenen Bäumen vorbei. Erholung und Zeitvertreib bieten Minigolf, Bowling und Biergärten. Am Nordende beginnt der Kurmajas Prospekts mit seinen alten Adelshäusern. Hier befindet sich auch das **Stadtmuseum,** das beispielsweise Funde aus der Stein- und Bronzezeit, Schmuck der Wikinger und Fotos zur Stadtgeschichte zeigt.

- Liepāja Museum, Kūrmājas Prospekts 16/18, geöffnet: Mi.–So. 10–18 Uhr. Eintritt: 1 Ls (1,40 €)

▲ Jugendstilhaus in der Altstadt

Kūrmājas Prospekts und Juras ileā führen zur **Promenade** Veca ostmala. In der Sowjetzeit war die Promenade wegen Fluchtgefahr gesperrt. Heute beobachten „Liepajnieki" und Besucher das Treiben im Hafen, schauen den Schiffen nach und bestaunen ein mit Bernstein statt Sand gefülltes Stundenglas.

Für den gesamten Rundgang durch die Innenstadt von Liepāja sollten gut zwei Stunden eingeplant werden.

Das Besondere

Taxi zum Knast. Es sind 5 km von der Altstadt zum **Kriegshafen Karosta.** Zar *Alexander III.* ließ diese Stadt in der Stadt bauen. Zu Zeiten der Sowjets komplett gesperrt, kann das Gebiet jetzt besichtigt werden. Alte Hafenanlagen, verlassene Piers und Plattenbauten wurden von den Soldaten hinterlassen. Herausragend ist die orthodoxe Kathedrale. Früher als Turnhalle und Kino missbraucht, wird sie jetzt restauriert. Der Hafen ist Treffpunkt für Künstler und Freigeister. Auch das ausbruchssichere Gefängnis kann besichtigt werden. Falls Sie das Schiff verpassen, die Übernachtung kostet in einer Zelle bei Wasser und Brot 8 Ls (11,50 €).

- Karosta, geöffnet: tgl. 10–18 Uhr, Eintritt: 2 Ls (2,80 €)

Infos

- **Informationsbüro für Tourismus,** Rožu laukums 5/6, Tel. +371 63480808, E-Mail: info@liepajaturisms.lv, www.liepaja.lv, geöffnet: Mo.–Fr. 8.30–17 Uhr

▼ Lettland hat kilometerlange Strände

081lg Foto: ap, Marco Molitor, www.aboutpixel.de

0581g Foto: md

Riga

Kurz und bündig Riga, die Hauptstadt, liegt an der Daugava (Düna), die nach 15 km in die Ostsee mündet. Mit ca. 732.000 Einwohnern ist Riga die größte Stadt des Baltikums. Die alte Hansestadt ist mit zahlreichen Banken, Museen und Geschäften das Zentrum des Landes. Ihre Altstadt mit den schönen Jugendstilhäusern gehört zum UNESCO-Weltkulturerbe.

In die Stadt Die Schiffe machen direkt vor der Altstadt fest.

Rundgang Von der Vansu-Brücke, Vanšu tilts, am Schiffsanleger, geht der Blick auf das **Schloss,** Rigas pils. Gegen den Willen der Bevölkerung begannen die Ordensritter mit dem Bau. Als der Ordensstaat zerfiel, blieb das Schloss sich selbst überlassen. Restauriert, dient es heute als Residenz des Präsidenten.

- Rigas Pils, Pils laukums 3

▲ Rigas Altstadt wurde gründlich restauriert

Vom Schloss führt die Maza Pils ielā zu den **Drei Brüdern** (Trīs brāļi). Das Haus Nr. 17 ist das älteste Wohnhaus Rigas.

- Trīs brāļi, Maza Pils ielā 17, 19, 21

Nach links durch die Klostera führt der Weg zur **Kirche St. Jakob.** 1522 wurde hier der erste evangelische Gottesdienst abgehalten.

- Jēkaba baznīca, Jekaba 9

Die Jekaba öffnet sich zum Domplatz. Der **Dom St. Marien** mit dem Kloster ist die größte Kirche Rigas. Berühmt ist die Orgel mit 6768 Pfeifen.

- Doma baznīca, Doma laukums, geöffnet: tgl. 10–17 Uhr

056lg Foto: md

▶Rigas Altstadtgassen strahlen Ruhe und Eleganz aus

Der Pulverturm in Riga

0781g Foto: gm

Vom Domplatz geht es entlang der Smilšu zum **Pulverturm.** Von den Schweden zerstört, wurde er 1650 wieder aufgebaut. Er widerstand den russischen Kanonenkugeln, von denen noch neun in der Mauer stecken. Bis zum Schwedentor zieht sich der älteste Teil der Stadtmauer.

- Pulverturm, Smilšu 4

Vom Pulverturm geht es am so genannten **Katzenhaus** vorbei zur Amatu ielā mit der **Großen und Kleinen Gilde.** Der Name des Hauses rührt von einem lettischen Kaufmann, der die Figur einer Katze, mit dem Hinterteil zur Gilde weisend, auf dem Dach seines Hauses anbringen ließ. Erst nach Aufnahme in die Gilde drehte er sie um. Zur Großen und Kleinen Gilde gehörten einst die mächtigen deutschen Händler und Handwerker.

- Kaku maja (Katzenhaus), Meistaru 19
- Lielā und Mazā Gilde, Amatu ielā

Nach Überquerung der Skūnu ielā führt der Weg durch die Tirgonu zum Rathausplatz mit dem **Schwarzhäupterhaus.** Im Krieg total zerstört, wurden das Schwarzhäupterhaus, das **Rathaus**

Riga
Kronvalda parks
Bastejkalns
DAUGAVA
Elisabetes iela
Kalpaka bulvāris
Antonijas iela
Kronvalda bulvāris
Mikeļa iela
Citadeles iela
Ekporta iela
Muitas iela
Kr. Valdemāra iela
Vanšu tilts
Raiņa bulvāris
Basteja bulvāris
Pilsētas kanals
Jēkaba iela
Arsenāla iela
Torņa iela
Rīgas pils
2★
Pulvertornī Kara Muzejs
6★
3 Jēkaba baznīca
Mazā Pils
Pils iela
4★ Trīs brāļi
Smilšu iela
Mazā Smilšu iela
Vaļņu iela
7★
8★
Miesnieku iela
Doma baznīca
5
Palasta iela
Skārņu iela
Meistaru iela
Kaļķu iela
11. Novembra krastmala
Pētera I. palasta
Konventa Sēta
12 Petrikirche
Kaļķu iela
Kungu iela
Skārņu iela
Teātra iela
Ridzenes iela
Vaļņu iela
11★ Schwarzhäupterhaus
Grēcinieku iela
Audeju iela
Mārstaļu iela
Kalēju iela
13. janvāra iela
Marijas iela
13
Centrāltirgus iela
Maskavas iela
Krasta iela
A-B dambis
Oktobra tilts
Mukusalas iela
Legende siehe Seite 163

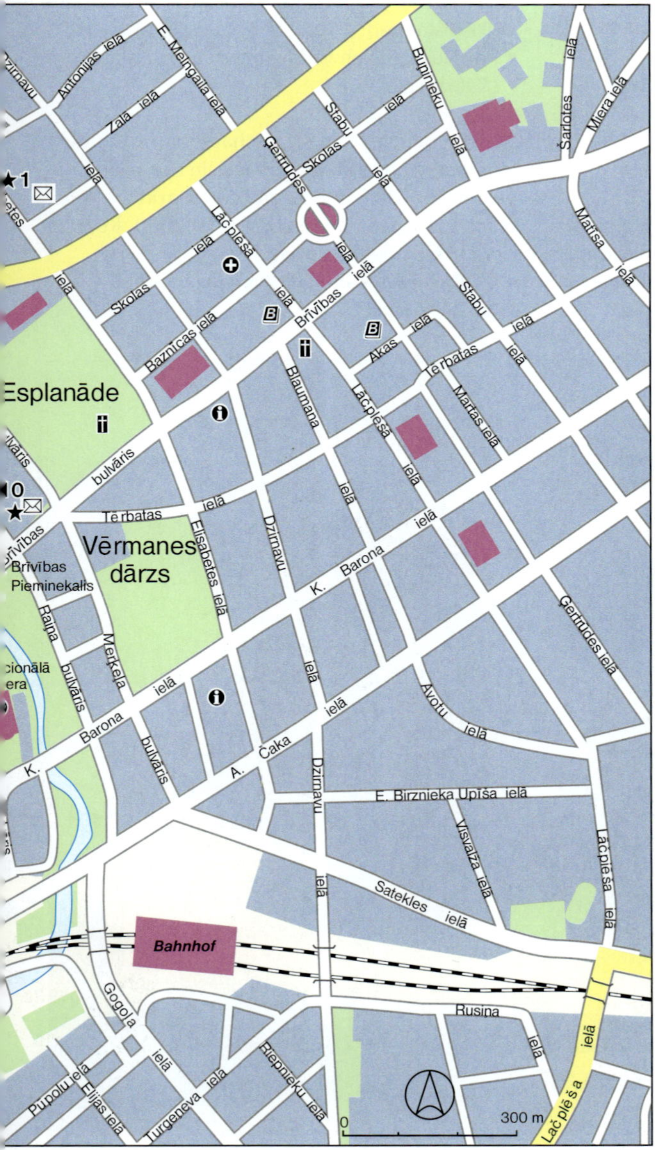
Esplanāde
Vērmanes dārzs
Brīvības Piemineklis
Bahnhof
Brīvības iela
K. Barona iela
A. Čaka iela
Tērbatas iela
Elizabetes iela
Dzirnavu iela
Blaumaņa iela
Lāčplēša iela
Stabu iela
Ģertrūdes iela
Skolas iela
Baznīcas iela
Akas iela
Martas iela
Avotu iela
E. Birznieka Upīša iela
Visvalža iela
Satekles iela
Rusiņa iela
Gogoļa iela
Turgeneva iela
Elijas iela
Pupolu iela
Riepnieku iela
Bruņinieku iela
Šarlotes iela
Miera iela
Matīsa iela
Antonijas iela
Zaļā iela
E. Melngaila iela
Merķeļa iela
Raiņa bulvāris
300 m

und der Rathausplatz zur 800-Jahr-Feier im Jahr 2001 restauriert.

- Rathaus und Schwarzhäupterhaus, Ratslaukums (Rathausplatz)

In den „Bauch" von Riga schaut man nach dem Überqueren der 13. Janvara ielā. In den alten Zeppelinhallen ist Europas größter **Markt** untergebracht. Täglich kaufen über 100.000 Kunden Fleisch, Gemüse und Käse.

- Centraltirgus, Centraltirgus ielā, geöffnet: tgl. 8–17 Uhr

▼ Schwarzhäupterhaus am Rathausplatz

059lg Foto: gm

Legende zum Cityplan Riga, S. 160

★	1	Jugendstil-Viertel	★	8	Große und Kleine Gilde
⛪	2	Schloss	★	9	Freiheitsdenkmal
⛪	3	St. Jakob Kirche	★	10	Laima-Uhrturm
★	4	„Drei Brüder"	★	11	Rathausplatz mit Schwarzhäupterhaus
⛪	5	Dom St. Marien	⛪	12	Petrikirche
★	6	Pulverturm	🛍	13	Zentralmarkt
★	7	Katzenhaus			

Zehn Minuten dauert der Rückweg zum Rathausplatz. Biegt man nach rechts in die Skārnu ielā, gelangt man zur **Petrikirche,** die im Jahre 1209 erbaut wurde. Ein Lift bringt heute die Besucher zum Rundblick über Riga auf die 72 m hohe Aussichtsplattform.

- Sv. Petera baznīca, Skārnu ielā 19, geöffnet: Di.–So. 10–18 Uhr

Von der Kirche nach links kommt bald der Brīvības Bulvāris mit der **Laima-Uhr.** 1924 errichtet, ist der Uhrturm ein beliebter Treffpunkt bei den jungen Leuten der Stadt. Den Brīvības Bulvāris entlang, an der Freiheitsstatue vorbei, liegt auf der linken Seite das **Jugendstil-Viertel.** In der Elisabetes-, Alberta-, Strelnieku- und Vilandes ielā reihen sich die restaurierten Häuser aneinander. Über die Elizabetes ielā geht es zurück zum Liegeplatz.

Für den Rundgang sollten ca. 3½ Stunden eingeplant werden.

Landpartie **Seeluft statt Stadtluft.** Jurmala, der Badeort an der Bucht von Riga, ist nur 25 km entfernt. Der Kurort ist bekannt für seinen 32 km langen Strand, ausgedehnte Kiefernwälder und Heilschlammanwendungen. Am Strand von **Majori** weht die „Blaue Flagge", das Zeichen für hervorragende

057lg Foto: md

▲Typisch für Rigas Altstadt: Jugendstilhäuser

Wasserqualität. Hier trifft sich ganz Riga und bummelt durch die Fußgängerzone. Am Strand steht die 1916 schlossähnlich erbaute ehemalige Poliklinik. Wer es ruhiger mag, unternimmt einen Spaziergang im **Naturpark Kemeri** oder geht an den Strand in **Jaunkemeri.** In den Spas und Gesundheitszentren werden die verschiedensten Therapien, von Aroma bis Schlamm, angeboten.

Vom Bahnhof fahren die Züge alle 30 Min. Fahrpreis: 0,80 Ls (1,10 €), Fahrzeit: 20 Min.

- **Informationen** gibt es im Jurmala Tourism Information Center, Majori, Lienes ielā 5, Tel. +371 7147900, geöffnet: Mo.–Fr. 9–19 Uhr, Sa. 10–17 Uhr, So. 10–15 Uhr

Das Besondere

Riga mit einem PS. Statt zu Fuß kann man Riga auch mit der Kutsche erkunden. Startpunkt ist das Hotel de Rome, Kalku 28. Preis: 15 Ls (21,50 €) pro Std.

Touren

Hop on – Hop off Tour, die Tour beginnt am Rathausplatz (Ratslaukums) und kann jederzeit unterbrochen werden. Nach der Besichtigung fährt man mit dem nächsten Bus einfach weiter.

- Patricia Tourist Office, Elizabetes ielā 22, Tel. +371 67210180, E-Mail: patricia@parks.lv, www.rigalatvia.net, Abfahrtszeiten: stdl. von 10–16 Uhr, Fahrpreis: 10 Ls (13,90 €)

Infos

- **Riga Tourist Information,** 6 Ratslaukums, 1050 Riga, Tel. +371 67026072, E-Mail: tourinfo@riga.lv, www.rigatourism.com, geöffnet: Mo.–Sa. 9–18 Uhr

Autovermietung

Parkplatzmangel und lokaler Fahrstil lassen von einem Mietwagen abraten.

Einkaufen

- **Art Nouveau,** Strelnieku 9, geöffnet: tgl. 8–18 Uhr, Geschenke und Souvenirs im Jugendstil

082lg Foto: pl

Litauen

Sprache Litauisch; Englisch ist weit verbreitet. Deutsch wird oft verstanden, aber aus geschichtlichen Gründen ungern gesprochen.

Währung Litauische Litas (Lt), 1 Lt = 100 Centas
1 Lt = 0,29 €, 1 € = 3,45 Lt (Stand: April 2010)

Trinkgeld Nur bei gutem Service sind 10 % üblich. Allgemein wird die Rechnung aufgerundet.

Öffnungszeiten Allgemeine Öffnungszeiten sind Mo.–Sa. 10–21 Uhr, So. 10–20 Uhr.

Klaipėda

Kurz und bündig Klaipėda, das ehemalige Memel, wurde 1250 gegründet. Die Stadt liegt gegenüber der Kurischen Nehrung an der Danė. Bis zum Zweiten Weltkrieg lebten überwiegend Deutsche in Klaipėda. Als freie Wirtschaftszone ist Klaipėda heute der wichtigste Hafen Litauens.

In die Stadt Vom Terminal sind es nur wenige Schritte bis in die Altstadt.

Rundgang Am Hafenausgang nach rechts folgt man der breiten Pilies gatvė bis zur Zveju gatvė. Sie führt direkt zum Theaterplatz. Sehenswert sind das klassizistische **Theater** und der Simon-Dach-Brunnen mit dem **Ännchen von Tharau.** Das Ännchen, im wahren Leben *Anna Neander,* war die Braut des Predigers *Johannes Portatius.* Ihr zu Ehren soll *Simon Dach* das plattdeutsche Gedicht „Ännchen von Tharau" geschrieben haben. Dass *Simon Dach* wirklich der Autor des Gedichtes ist, wird von neueren Forschungen verneint. Der plattdeutsche Text wurde von *Johann Gottfried Herder* ins Hochdeutsche übertragen und von Friedrich Silcher vertont. Die Brunnenfigur des Ännchen musste nach alten Fotos rekonstruiert werden, da

◀ Vorseite: Das berühmte Ännchen von Tharau

083lg Foto: md

▲ Kirchtürme zieren die Silhouette der Stadt

das Original seit dem Zweiten Weltkrieg verschollen ist.

Vom Theaterplatz geht es über die Turgaus gatvė zur Aukstoji. Im alten **Kornspeicher** strich ehemals frische Luft durch die Fenster, um das Getreide trocken zu halten. Heute befindet sich hier das **Kunst-Ausstellungshaus.** In sechs Sälen wird litauische und ausländische moderne Kunst ausgestellt.

- Kunst-Ausstellungshaus, Aukstoji 3, geöffnet: Mo.–Fr. 9–17 Uhr, Eintritt: 4 Lt (1,10 €)

Gleich um die Ecke, in der Didžioje Vandens, befindet sich das **Kleinlitauen Museum.** Zu sehen sind dort Alltagsgegenstände aus dem 19. und 20. Jahrhundert und Dokumente zur Geschichte.

- Kleinlitauen Museum, Didžioji 6, geöffnet: Di.–So. 10–18 Uhr, Eintritt: 3 Lt (0,90 €)

In Höhe der Kreuzung zur Tilty gatvė stehen in der Jono gatvė die ältesten Häuser Klaipėdas. Et-

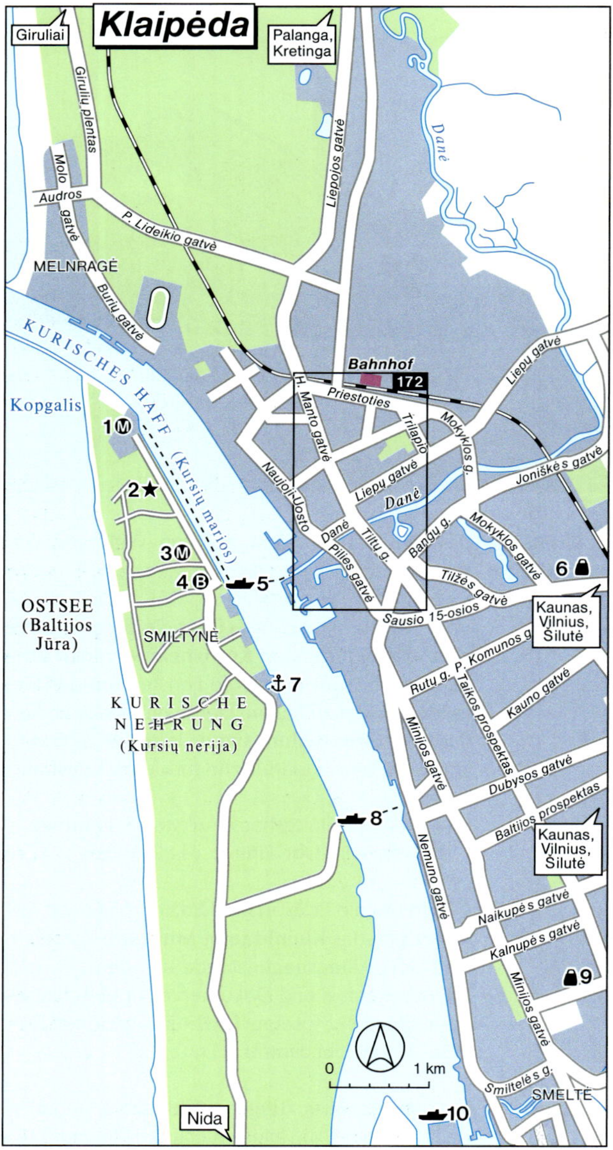
Klaipėda
Giruliai
Palanga, Kretinga
Girulių plentas
Molo gatvė
Audros
P. Lideikio gatvė
Liepojos gatvė
Danė
MELNRAGĖ
Burių gatvė
KURISCHES HAFF (Kursių marios)
Kopgalis
Bahnhof
172
Priestoties
H. Manto gatvė
Trilapio
Mokyklos g.
Liepų gatvė
Joniškės gatvė
Naujoji Uosto
Liepų gatvė
Danė
Danė
Tiltų g.
Bangų g.
Mokyklos gatvė
Pilies gatvė
Tilžės gatvė
Sausio 15-osios
1
2
3
4
5
6
7
8
9
10
OSTSEE (Baltijos Jūra)
SMILTYNĖ
Kaunas, Vilnius, Šilutė
P. Komunos g.
Rutų g.
Taikos prospektas
Kauno gatvė
KURISCHE NEHRUNG (Kursių nerija)
Minijos gatvė
Dubysos gatvė
Baltijos prospektas
Kaunas, Vilnius, Šilutė
Nemuno gatvė
Naikupės gatvė
Kalnupės gatvė
Minijos gatvė
0
1 km
Smiltelės g.
SMELTĖ
Nida

Legende zum Cityplan Klaipėda

Ⓜ	1	Aquarium, Meeresmuseum, Delfinarium	⛴	5	Fähre nach Smiltynê
			🔒	6	Markt
			⚓	7	Jachthafen, Jachtclub
★	2	Nerija Fort	⛴	8	Autofähre nach Smiltynê
Ⓜ	3	Naturmuseum	🔒	9	Delfinas Markt
Ⓑ	4	Busabfahrt	⛴	10	Internationaler Fährhafen

was weiter Richtung Danė, in der Kepeju gatvė, steht die Skulptur **„Stadtansichten"** des Künstlers *Bosas.* Am Fluss nach rechts hat das ehemalige Schulschiff **„Meridianas"** festgemacht. Fast schon ein Wrack, wurde es noch rechtzeitig restauriert und zu einem Restaurant umgebaut.

Nach Überquerung der Birzos-Brücke befindet sich auf der rechten Seite die **„Arche",** eine Skulptur, die 150 t schwer und 8,5 m hoch ist. Sie soll an die Vereinigung Litauens mit Klaipėda erinnern. Das künstlich abgebrochene Oberteil der Skulptur symbolisiert das Gebiet von Königsberg, das heute zu Russland gehört. Von der Brücke nach rechts entlang der früheren Börsenstraße, heute Danės gatvė genannt, steht das **alte Rathaus.** Von dem Börsengebäude ist nichts mehr erhalten. Der H. Manto gatvė folgend, liegt links der Atgimimo aikste mit **Musiktheater** und **Philharmonie.** Wenige Schritte weiter nach links in der Liepu 12 ist das **Uhrenmuseum** untergebracht. Es zeigt Uhren in allen Größen und aus allen Epochen.

- Uhrenmuseum, Liepu 12, geöffnet: Di.–Sa. 12–17.30, So. 12–16.30 Uhr, Eintritt: 6 Lt (1,70 €)

In der gleichen Straße steht noch die **alte Hauptpost.** Im 42 m hohen Turm ertönt Sa./So. um 12 Uhr ein Glockenspiel.

Ein ganzes Stück weiter, bis zur Trilapio gatvė, geht der Weg nach links zum **Skulpturenpark.**

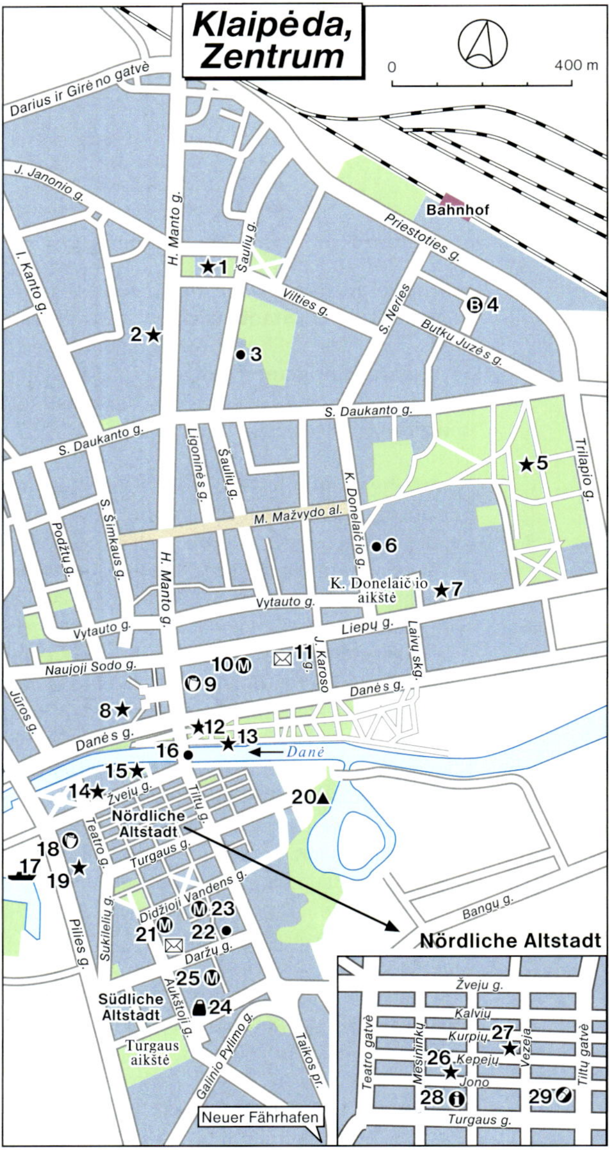
Klaipėda, Zentrum
0
400 m
Darius ir Girėno gatvė
J. Janonio g.
H. Manto g.
Šaulių g.
Bahnhof
Priestoties g.
I. Kanto g.
Vilties g.
S. Neries
Butkų Juzės g.
S. Daukanto g.
S. Daukanto g.
Ligoninės g.
Šaulių g.
K. Donelaičio g.
Trilapio g.
M. Mažvydo al.
S. Šimkaus g.
Podžtų g.
H. Manto g.
K. Donelaičio aikštė
Vytauto g.
Vytauto g.
Liepų g.
Laivų skg.
Naujoji Sodo g.
J. Karoso g.
Danės g.
Jūros g.
Danės g.
Danė
Žvejų g.
Tiltų g.
Nördliche Altstadt
Teatro g.
Turgaus g.
Didžioji Vandens g.
Bangų g.
Sukilėlių g.
Pilies g.
Daržų g.
Aukštoji g.
Südliche Altstadt
Turgaus aikštė
Galinio Pylimo g.
Taikos pr.
Neuer Fährhafen
Nördliche Altstadt
Žveju g.
Kalvių
Kurpių
Kepejų
Jono
Turgaus g.
Teatro gatvė
Mėsininkų
Vežeja
Tiltų gatvė
1 2 3 4 5 6 7 8 9 10 11 12 13 14 15 16 17 18 19 20 21 22 23 24 25 26 27 28 29

Legende zum Cityplan Klaipėda Zentrum

★	1	Mažvydas-Denkmal	★	15	Altes Hochhaus/ Bronzepoller
★	2	Alte Bibliothek	•	16	Börsenbrücke
•	3	Konzertsaal des Musikzentrums		17	Privatfähre nach Smiltynê
Ⓑ	4	Busbahnhof		18	Theater
★	5	Mažvydas-Skulpturenpark	★	19	Simon-Dach-Brunnen mit Ännchen von Tharau
•	6	Konzertsaal (Konservatorium)	▲	20	Johannes-Hügel
★	7	Gemäldegalerie	Ⓜ	21	Kunst-Ausstellungshaus
★	8	Altes Rathaus	•	22	Zentrum für Ethnokultur
	9	Musiktheater/ Philharmonie	Ⓜ	23	Kleinlitauen Museum
Ⓜ	10	Uhrenmuseum		24	Markthalle
✉	11	Alte Post	Ⓜ	25	Schmiedekunstmuseum
★	12	Skulptur „Arche"	★	26	Klaipėdas älteste Häuser
★	13	Segelschulschiff „Meridianas"	★	27	Skulptur „Stadtansichten"
★	14	Alte Speicher	ⓘ	28	Touristinformation
				29	Grüne Apotheke

Auf dem ehemaligen Friedhof können bei einem Spaziergang über 100 Skulpturen litauischer Künstler betrachtet werden.

- Mažvydas-Skulpturenpark, zwischen Liepu und Dokanto gatvė

Wer den Weg zum Park scheut, kehrt zur Brücke zurück und folgt der Zveju und Pilies gatvė zum Hafen.

Für den Rundgang sollten 2,5 Stunden eingeplant werden.

Landpartie Die **Kurische Nehrung** mit Dünen, Kiefernwäldern und Fischerdörfern ist ein Muss. In **Juodkrante** sind auf dem Hexenberg, Raganu Kalnas, 100 zum Teil furchterregende Figuren der hiesigen Märchen- und Sagenwelt ausgestellt.

Der größte Ort auf der 100 km langen Landzunge ist **Nida** (Nidden). Im Ort stehen noch viele alte Fischerhäuser, reetgedeckt und rotblau angemalt. Wer etwas auf sich hielt, hatte in Nida ein Ferienhaus. So auch *Thomas Mann,* dessen Haus zur Gedenkstätte wurde. Sehenswert ist auch der alte **Friedhof** mit den ungewöhnlichen Grabbrettern, die auch als Kurenkreuze bezeichnet werden. Nahe dem Ort erhebt sich Europas größte **Wanderdüne.** Von dem 60 m hohen Gipfel geht der Blick weit über die Dünenlandschaft bis zur Grenze der russischen Enklave Kaliningrad. Entlang der Hafenpromenade und der Hauptstraße bieten sich genügend Möglichkeiten, sich von der Dünenkletterei zu erholen.

0841g Foto: md

▶ Fachwerkhäuser in der Altstadt

0851g Foto: gm

Wer bis jetzt noch keinen Bernsteinschmuck besitzt, sollte die **Bernsteingalerie** mit Museum besuchen. Neben Infos über Förderung und Verarbeitung wird auch Schmuck verkauft.

- Bernsteingalerie und Museum, Pamario 20, 5872 Nida, geöffnet: Mai–Oktober tgl. 9–21 Uhr
- Thomas-Mann-Haus, Skruzdynes 17, 5872 Nida, geöffnet: Mai–Sep. Di.–So. 10–18 Uhr, Eintritt: 4 Lt (1,10 €)

- **Fähre:** Die Fähre zur Kurischen Nehrung fährt ab dem alten Fährterminal, Zveju 8, oder dem neuen Fährterminal, Nemunu 8. Abfahrten sind etwa stündlich. Das Mietauto kann mitgenommen werden. Für den Ausflug auf die Kurische Nehrung sollten 6–8 Stunden eingeplant werden.

Preise vergleichen
Die Ausflugsbusse zur Nehrung haben auf der Fähre Priorität vor Privatfahrzeugen. Es kann zu längeren Wartezeiten kommen.

Eine weitere Möglichkeit ist ein Ausflug nach **Palanga,** dem größten Kurort Litauens. Beliebt ist der Ort wegen des feinsandigen Strandes und der Dünenlandschaft. Sehenswert ist außerdem das **Schloss Tiskevicius.** Der **Park** wurde im Jahr 1895 mit 500 seltenen Bäumen und Sträuchern angelegt. Im Schloss befindet sich das **Bernsteinmuseum.** Ausgestellt sind 25.000 Stücke, davon die Hälfte mit Einschlüssen.

▲ Bernsteinschmuck gibt es in Litauen wortwörtlich an jeder Ecke zu kaufen

- **Palangos gintaro muziejus (Bernsteinmuseum),** Vytauko 17. Öffnungszeiten: Di.–Sa. 10–20 Uhr, So. 10–19 Uhr, Eintritt kostet 8 Lt (2,30 €). Der Parkbesuch ist kostenlos. Das Bernsteinmuseum ist etwa 700 m von der Innenstadt entfernt.

086lg Foto: md

Die Fahrt von Klaipėda nach Palanga mit dem Taxi dauert ca. 30 Minuten.

Das Besondere

Das Litauen **Aquarium** liegt gegenüber von Klaipėda auf der Nehrung. 33 Becken zeigen die Unterwasserwelt von der Ostsee bis in die Tropen. In Außengehegen leben Seehunde, Seelöwen und Pinguine. Für Unterhaltung sorgt eine Delfin-Show. Neben dem Aquarium ist noch das alte Nerija Fort (dt. Nehrungsfort) zu besichtigen. Mit dem Besuch des Aquariums, der verschiedenen Ausstellungen zur Geschichte der Seefahrt, den Traditionen der Fischer auf der Kurischen Nehrung und dem Leben unter Wasser lassen sich interessante Stunden verbringen.

▲ Typisch für Litauen: Holzbauarchitektur

- Litauen Aquarium, Smiltynes 3, geöffnet: Di.–Sa. 12–19 Uhr, Delfin-Show: 12 u. 15 Uhr, Eintritt: 18 Lt (5,10 €). Es fährt ein Schiff vom alten Fährterminal direkt zum Aquarium.

Infos

- **Tourismus und Kultur Information Zentrum,** Turgaus 7, 91247 Klaipėda, Tel. +370 (0)

46412186, E-Mail: tic@klaipedainfo.lt, www.klaipedainfo.lt, geöffnet: Mai/Sep. Mo.–Fr. 9–18, Sa. 10–16 Uhr, So. geschl., Juni–Aug. Mo.–Fr. 9–19, Sa./So. 10–16 Uhr

Autovermietung

- **Europcar,** Zveju Str. 10, Klaipėda, Tel. +370 (0) 46311466, E-Mail: klaipeda@europcar.lt, www.europcar.lt
- **Budget,** Šilutes 32, Klaipėda, Tel. +370 (0) 46342690, E-Mail: budget@budget.lt, www.budget.lt

Einkaufen

- **Gintarine planeta,** Turgaus 2–18. Das Geschäft ist spezialisiert auf Bernstein und Silber.
- **Akropolis Shopping Center,** Taikos pr. 64. 160 Geschäfte in einem Gebäude, vor allem für Kleidung, Accessoires und Souvenirs.

087lg Foto: pl, Jerzy Sawluk, www.pixelio.de

Polen

Sprache Polnisch; Deutsch und Englisch sind weit verbreitet.

Währung Polnischer Złoty (zł), 1 zł = 100 Groszy
1 zł = 0,26 €, 1 € = 3,87 zł (Stand: April 2010)

Trinkgeld 10 % des Rechnungsbetrags sind üblich.

Öffnungszeiten Allgemeine Öffnungszeiten sind Mo.–Sa. 6–22 Uhr und So. 6–13 Uhr.

Gdansk (Danzig) und Gdynia (Gdingen)

Kurz und bündig Die meisten Kreuzfahrtschiffe benutzen Gdynia als Hafen für Gdansk (30 km entfernt).

Zum ersten Mal tauchte Danzig im Jahr 999 in alten Dokumenten auf. Das Fischerdorf an der Weichselmündung erhielt 1240 das Stadtrecht. Mit dem Handel ging es rauf und runter. Genauso erging es der Stadt politisch. Im Zweiten Weltkrieg wurde Gdansk fast völlig zerstört. 1948 begann der Wiederaufbau. Heute zieht sich der Ballungsraum Gdansk, Sopot (Zoppot), Gdynia 30 km die Küste entlang.

In die Stadt Je nach Pier kann der Weg zum Hafenausgang in Gdynia recht weit sein (von 400 m bis zu 2 km). Vom Ausgang sind es 15 Minuten zum Bahnhof. Ab hier verkehrt eine S-Bahn, mit der in ca. 30 Minuten Gdansk erreicht wird.

Rundgang Vom Bahnhof in Gdansk nach rechts blickend, sieht man auf der anderen Straßenseite bereits das **Hohe Tor** (Brama Wyzynna). Hier beginnt der Königsweg. Auf ihm zog früher der polnische König bei Besuchen in die Stadt. Vier Toranlagen schützten die Stadt nach Westen. Von drei Stockwerken konnte aus Schießscharten auf den Feind geschos-

◀ Vorseite: Ausflugsschiffe am Ufer der Mottlau

sen werden. Die **Peinkammer** (Katownia) nebenan war früher ebenfalls ein Tor, wurde aber zum Gefängnis mit Folterkammer umgebaut. Erst nach dem Passieren des **Goldenen Tors** (Złota Brama) ist man in der Stadt. Den Namen erhielt das Tor aufgrund seiner goldenen Skulpturen. Von hier aus beginnt die **Langgasse** (Długi). Auf dem Weg zum **Langen Markt** (Długi Targ) reihen sich reich verzierte Patrizierhäuser aneinander.

Wo die Langgasse auf den Langen Markt trifft, steht links das **Rathaus.** Beeindruckend ist der „Rote Saal" mit seiner roten Wandbespannung und seinen Gemälden.

Das **Historische Museum** im Rathaus zeigt Dokumente über die Zerstörung und den Wiederaufbau der Stadt.

- Historisches Museum, Ulica Długa 47, geöffnet: Di.–Sa. 10–18 Uhr, So. 11–16 Uhr, Eintritt: 8 zł (2 €)
- Rechtsstädtisches Rathaus, Ulica Długa 47, geöffnet: Di.–Sa. 10–15.30 Uhr, So. 11–15.30 Uhr, Eintritt: 8 zł (2 €)

▼ Mit viel Liebe zum Detail sind die Häuser von Danzig restauriert worden

088lg Foto: md

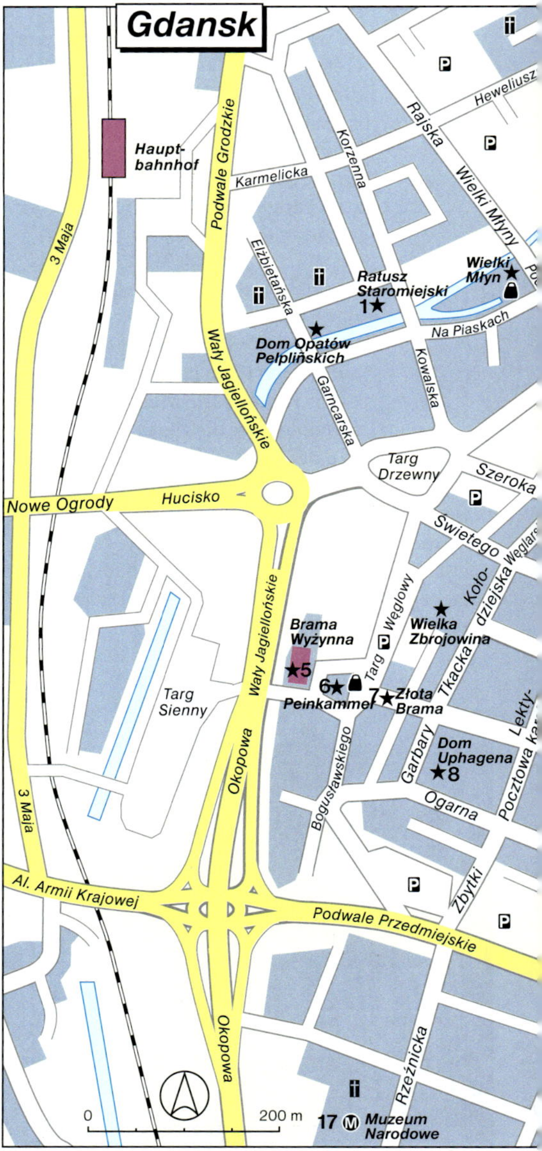
Gdansk
Haupt-bahnhof
Podwale Grodzkie
Karmelicka
Korzenna
Rajska
Heweliusza
Wielki Młyny
3 Maja
Elżbietańska
Ratusz Staromiejski
1★
Wielki Młyn
Na Piaskach
Dom Opatów Pelplińskich
Wały Jagiellońskie
Garncarska
Kowalska
Targ Drzewny
Szeroka
Nowe Ogrody
Hucisko
Świętego
Węglarska
Koło-dziejska
Targ Węglowy
Brama Wyżynna
★5
Wielka Zbrojowina
6★
Peinkammer
7★
Złota Brama
Tkacka
Targ Sienny
Okopowa
Bogusławskiego
Garbary
Dom Uphagena
★8
Lekty-
Pocztowa
Ogarna
Zbytki
Al. Armii Krajowej
Podwale Przedmiejskie
Rzeźnicka
0
200 m
17
Muzeum Narodowe

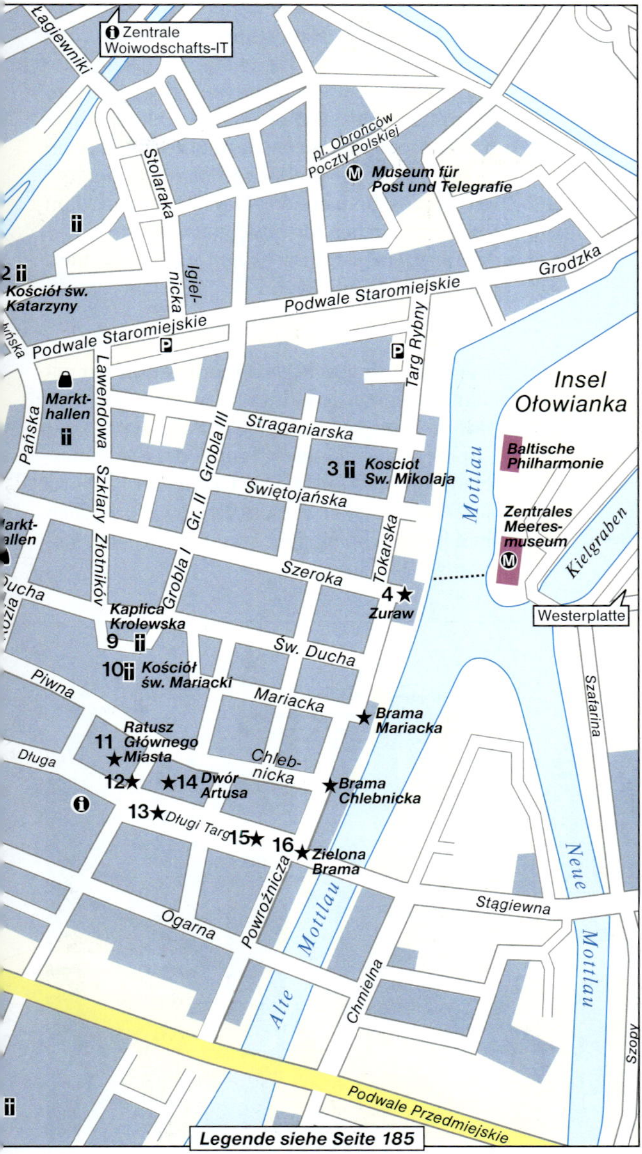

Legende siehe Seite 185

Ebenfalls am Rathausplatz steht der **Artushof,** der Versammlungsort reicher Bürger. Hier traf man sich Bier trinkend, um Geschäfte zu machen. Im Laufe der Jahrhunderte wurde aus dem Artushof erst ein Getreidespeicher, später dann ein Lazarett. Nach umfangreicher Restaurierung können heutzutage die Versammlungsräume mit den reichen Wandschnitzereien, Gemälden und dem 12 m hohen Kachelofen besichtigt werden.

- Artushof, Dwór Artusa, Długi Targ 44, geöffnet: Di.–Sa. 10–15.30 Uhr, So 11–15.30 Uhr, Eintritt: 10 zł (2,60 €)

Vor dem Artushof steht der **Neptunsbrunnen** mit Delfinen, Seepferdchen und Löwenköpfen. Das **Goldene Haus** (Złota Kamienica), Langer Markt 41, ist mit seinen üppigen Figuren das bekannteste Haus am Marktplatz. Das **Grüne Tor** (Zielona Brama) schließt den Marktplatz ab. Ursprünglich sollten hier die polnischen Könige bei einem Auf-

▼ Artushof am Rathausplatz in Danzig

089lg Foto: pl, Jerzy Sawluk, www.pixelio.de

Legende zum Cityplan Gdansk, S. 182

★	1	Altstädtisches Rathaus	⛪	9	Königliche Kapelle
⛪	2	Katherinenkirche	⛪	10	Marienkirche
⛪	3	Nikolaikirche	★	11	Rathaus
★	4	Krantor	★	12	Goldenes Haus
★	5	Hohes Tor	★	13	Neptunsbrunnen
★	6	Peinkammer	★	14	Artushof
★	7	Goldenes Tor	★	16	Grünes Tor
★	8	Uphagenhaus	Ⓜ	17	Nationalmuseum

enthalt in Gdansk residieren, was sie aber nie taten. Geöffnet: tgl. 10–17 Uhr, Eintritt: 8 zł (2,10 €).

Biegt man hinter dem Tor nach links ab, sieht man in kurzer Entfernung schon das Wahrzeichen der Stadt, das **Krantor** (Zuraw). Es wird als Schifffahrtsmuseum genutzt und zeigt Modelle von Leuchttürmen und alten Hafenansichten.

- Krantor, Ulica Skeroka 67/68, geöffnet: Di.–So. 10.30–15.30 Uhr, Eintritt: 6 zł (1,50 €)

Man nimmt jetzt eine beliebige, nach links führende, Straße und schlendert im Zickzack durch das Viertel. Jede Menge Geschäfte laden zum Stöbern ein. Von überall ist die **Marienkirche** (Kosciol Mariacki) zu sehen. 1343 wurde mit dem Bau begonnen, und es sollten fast 160 Jahre vergehen bis der größte Backsteindom der Welt vollendet war. Der Dom bietet 25.000 Gläubigen Platz. Neben vielen Kunstschätzen ist die astronomische Uhr in der Mitte des linken Seitenschiffs besonders sehenswert.

- Marienkirche, Podkramarskas 5, geöffnet: Mo.–Sa. 8–17.30 Uhr, So. 13–17.30 Uhr

Nach der Besichtigung geht es mit dem Zug oder dem Taxi zum Schiff zurück.

Für den Rundgang sollten ca. 4 Stunden eingeplant werden.

Landpartie

Ein Tag am Meer. Bereits im 16. Jahrhundert bauten reiche Kaufleute ihre Sommervillen in **Sopot.** Seinen Aufschwung erlebte der Ort durch die Armee *Napoleons,* die hier ihre Kranken und Verwundeten pflegte. Als auch noch eine Heilquelle entdeckt wurde, ließ der Armeearzt *Haffner* luxuriöse Badehäuser bauen. 1927 wurde das elegante **Grand Hotel** direkt am Strand errichtet. Stiegen früher Berühmtheiten hier ab, rollt heute die Roulettekugel. Am Seesteg beginnt die **Flaniermeile** Bohaterow Cassino mit gemütlichen Cafés, Galerien und Geschäften.

- Sopot ist mit der S-Bahn von Gdynia oder Gdansk in 20 Minuten zu erreichen.

Ein Tag auf der Burg. Der Deutsche Orden begann 1274 mit dem Bau der **Marienburg** (Malbork). Nach Umbauten und Erweiterungen wurde sie zur bedeutendsten Festung an der Ostsee. Niemals erobert, liegt die Burg hoch über dem Ufer der Nogat. Im Krieg wurde sie stark zerstört, aber nach Originalplänen anschließend wieder aufgebaut.

- Der Expresszug von Gdansk benötigt 45 Minuten für die 60 km nach **Malbork.** Vom Bahnhof in Malbork sind es 10 Minuten bis zur Burg. Fahrpreis für die einfache Fahrt: 31 zł (8,30 €). Die Burg ist geöffnet: Di.–So. 9–20 Uhr, Eintritt: 25 zł (6,40 €).

Das Besondere

Vom Hauptbahnhof in Gdansk fährt eine Straßenbahn zum Stadtteil **Oliwa.** Nach einer Stadtbesichtigung ist ein Spaziergang im Park eine wahre Erholung. Die alten Bäume und Wasserflächen gehören zum Schloss. Es steht an der Stelle des ehemaligen Klosters. Die Barockorgel in der Kirche gilt als schönste der Welt. Eine Besonderheit sind die beweglichen Figuren, die sich beim Orgelspiel durch einen Luftstrom bewegen. Fast täglich finden Orgelkonzerte statt. Am oberen Ortsrand residiert heute der frühere Präsident Polens, *Lech Walesa.*

090lg Foto: md

▶ Typisch sind die vorgebauten Terrassen, die bei schönem Wetter Sitzplätze bieten

Infos

- **Touristeninformationsbüro,** Gdansk, Ulica Długa 45, Tel. +48 (0) 583019151, E-Mail: biuro@pttk-gdansk.pl, www.pttk-gdansk.pl, www.gdansk.pl, geöffnet: tgl. 10–20 Uhr

Einkaufen

- Liebhaber des Kräuterlikörs „Danziger Goldwasser" werden im Restaurant Goldwasser, Długie Pobrzeze in der Nähe des Krantors, fündig.

091lg Foto: md

Russland

Visabestimmungen

Passagiere, die einen Ausflug an Bord buchen, erhalten automatisch ein Tagesvisum. Passagiere, die das Schiff privat verlassen möchten, benötigen ein Besuchervisum für Russland. Es muss vor der Reise beantragt werden.

- *Konsulatsabteilung für Passagiere aus* ***Deutschland:*** *Botschaft der Russischen Förderation, Konsulatsabteilung, Behrensstr. 66, 10117 Berlin, Tel. +49 (0) 30 22651184, E-Mail: infokonsulat@russische-botschaft.de, www.russische-botschaft.de, geöffnet: Mo.-Fr. 9-12 Uhr.*
- *Konsulatsabteilung für Passagiere aus* ***Österreich:*** *Botschaft der Russischen Förderation in der Republik Österreich, Reisnerstr. 45-47, A-1030 Wien, Tel. +43 (1) 7123233, E-Mail: info@rusemb.at, www.rusemb.at*
- *Konsulatsabteilung für Passagiere aus der* ***Schweiz:*** *Russische Botschaft, Brunnadernrain 37, CH-3006 Bern, Tel. +41 (31) 3520567, E-Mail: rusbotschaft@bluewin.ch, http://bern.rusembassy.org*

Es muss mit langen Wartezeiten gerechnet werden. Welche Unterlagen Sie für die Visaerteilung benötigen, erfragen Sie bitte in Ihrem Reisebüro, beim Konsulat oder Auswärtigen Amt (www.auswaertiges-amt.de bzw. www.bmaa.gv.at oder www.eda.admin.ch).

Sprache Russisch; Deutsch und Englisch ist „mit Händen und Füßen" möglich.

Währung Russischer Rubel (Rubel), 1 Rubel = 100 Kopeken, 1 Rubel = 0,03 €, 1 € = 39,47 Rubel (Stand: April 2010). Rubel dürfen weder ein- noch ausgeführt werden. Für den Umtausch in Banken und Wechselstuben muss der Reisepass vorgelegt werden. Die Quittung aufheben, da sonst ein Rücktausch nicht möglich ist.

092lg Foto: wi, www.wikipedia.org

Trinkgeld 10–15 % sind üblich.

Öffnungszeiten Allgemein sind die Geschäfte täglich von 9–20 Uhr geöffnet.

Baltijsk (Pillau)

Kurz und bündig Im Krieg gegen Polen ließ der Schwedenkönig *Gustav Adolf* im Gebiet von Pillau eine Festung errichten. Bald ließen sich Fischer und Händler in der Nähe nieder. Das Stadtrecht erhielt Pillau 1725. Alle Waren für Königsberg mussten in Pillau umgeladen werden. Als Königsberg durch den Seekanal mit dem Frischen Haff verbunden wurde, verlor Pillau an Bedeutung. Am 25. April 1945 eroberte die Rote Armee Pillau, das jetzt Baltijsk heißt.

In die Stadt Das Schiff darf ohne gebuchte Landausflüge **nicht** verlassen werden. Die Stadt ist immer noch militärisches Sperrgebiet. Daher empfiehlt sich eine Buchung an Bord.

Landpartie Das alte **Rauschen,** heute Swetlogorsk, ist ein beliebter Badeort. Am Strand wird aber nicht nur gebadet. Mit nach unten gerichtetem Blick sind viele auf Bernsteinsuche. Geradeaus allerdings geht der Blick von der Steilküste aufs Meer. Auf der Strandpromenade laden Picknickplätze zu einer Pause ein und die große Sonnenuhr zeigt an, was die Stunde geschlagen hat. Schattige Alleen führen durch den Ort, vorbei an stattlichen Villen, die der Krieg verschont hat. Sehenswert ist auch der alte Wasserturm in der Oktoberstraße.

Autofreies Rauschen
Autos und Busse parken vor dem Ort.

◀ Der Leuchtturm von Baltijsk

◀ Vorseite: Winterpalast in St. Petersburg

Das alte **Palmnicken,** heute Jantarny, liegt ca. 45 km von Baltijsk entfernt. Fast 90 % der Weltbernsteinförderung werden an der Küste von Jantarny gefördert. Etwas landeinwärts werden im Tagebau jährlich etwa 600 Tonnen abgebaut. Am Ostseestrand kann man rund um die Uhr im Wasser stehende Männer beobachten. Sie fischen nach den restlichen Bernsteinen, die mit dem Abwasser der Bernsteingrube ins Meer gespült werden.

Kaliningrad (Königsberg)

Kurz und bündig

Der Name Kaliningrad, bis 1946 Königsberg, geht auf den russischen Politiker *Michail Kalinin* zurück. Die Hauptstadt der russischen Enklave, am Pregel gelegen, ist durch den 50 km langen Seekanal mit Baltijsk (Pillau) und der Ostsee verbunden.

In die Stadt

Vom Hafen ins Zentrum sind es 5 km. Die Busse fahren vor dem Hafeneingang ab. Hier findet man auch häufig Taxis mit deutschsprachigen Fahrern.

Rundgang

Breite Alleen, links und rechts von Plattenbauten flankiert, bestimmen das Stadtbild. Aber dies ändert sich. Der **Dom,** jetzt wieder restauriert, ist der Mittelpunkt der Dominsel. Mit einem Turm, statt wie ehemals mit zwei Türmen, bekam er 1995 wieder eine Uhr und vier Glocken. An der **Kaiserbrücke** entstand ein neues Viertel mit „alten" Giebelhäusern. Auch der **Fischmarkt** erhält ein neues bzw. sein historisches Gesicht zurück. Geplant ist auch der Wiederaufbau des Schlosses – Moskau versprach Geld. Das

Zerstörte Altstadt

Durch die starken Zerstörungen im Zweiten Weltkrieg sind nur wenige historische Gebäude erhalten geblieben. Da sie weit über das Stadtgebiet verteilt sind, kann man sie nicht im Sinne eines Rundgangs besichtigen.

Legende zum Cityplan Kaliningrad

⛪	1	Christ-Erlöser-Kirche
🎭	2	Theater
★	3	ehem. Hansaplatz
★	4	Universität mit I.-Kant-Denkmal
🏰	5	ehem. Königsberger Schloss
★	6	Fischmarkt
⛪ ★	7	Dominsel mit Dom, Grab von I. Kant

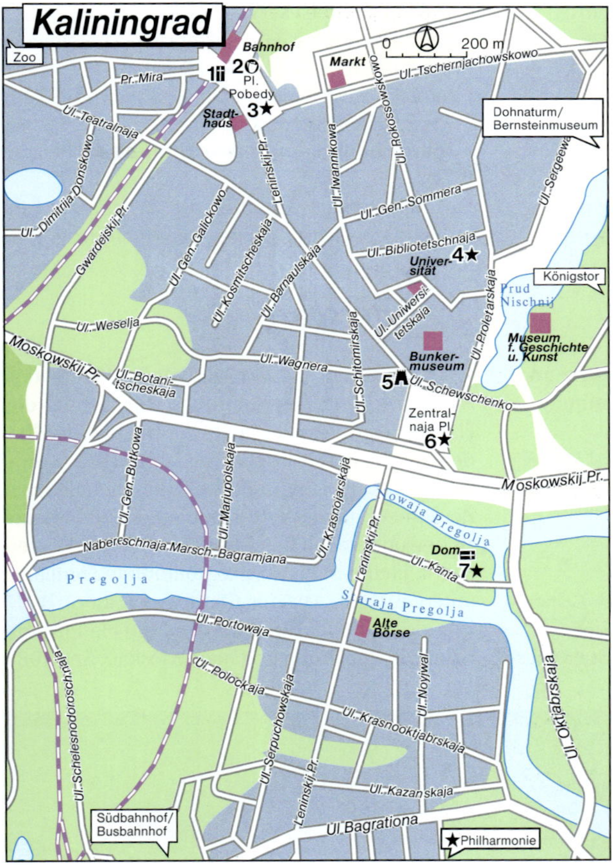

Russland

alte Viertel Amalienau hat seine Ursprünglichkeit erhalten können. Hier gibt es noch das alte Königsberg mit Kopfsteinpflaster und alten Villen, das man sonst vergeblich sucht.

Landpartie Die „Elektrischka" fährt die 40 km von Kaliningrad nach Swetlogorsk (Rauschen). Der Bahnhof dort ist Swetlogorsk 2 (siehe auch Kapitel „Baltijsk").

Infos

- **Irina Ort – Reiseservice Kaliningrad,** Allensteiner Str. 6, 66877 Ramstein-Miesenbach, Tel. +49 (0) 6371 614996, E-Mail: reiseservice@kaliningrad.info, www.kaliningrad.info
- **Tourist Information,** Leninskij pr. 28, Kaliningrad

Autovermietung

Der Reiseservice vermittelt u. a. Wagen mit Fahrern und deutschsprachigen Reiseführern.

St. Petersburg

Kurz und bündig

1703 gilt als das Geburtsjahr von St. Petersburg. Als die Festung Peter-und-Paul zum Schutz des Flusses Newa fertiggestellt war, begann der Bau der Stadt auf 42 Inseln. Im Jahre 1712 wurde St. Petersburg Hauptstadt des Russischen Reiches. Berühmte Baumeister errichteten die noch heute zu bewundernden Prachtbauten, z. B. den Winterpalast. Heute ist hier die weltberühmte Eremitage untergebracht. Mit der Oktoberrevolution 1917 kam das Ende für die Zaren und die Hauptstadtrolle. Die Regierung zog nach Moskau. Seit 1985

▼ Generalstab am Schlossplatz

0931g Foto: md

entwickelt sich die Stadt zum schillernden Finanz- und Handelszentrum.

In die Stadt Nur kleinere Kreuzfahrtschiffe machen direkt in der Stadt, in der Nähe der Eremitage, fest. Alle größeren liegen entweder am Kreuzfahrtterminal auf der Vassilyinsel oder in einem der vielen trostlosen Becken im Industriehafen. Allein bis zum Hafentor ist es schon ein Hindernislauf um Kabeltrommeln, Ölfässer und Gabelstapler. Entfernung zur Stadt vom Kreuzfahrtterminal: ca. 20 Min. mit der Straßenbahn. Abfahrt direkt vor dem Terminal. Entfernung vom Industriehafen: ca. 20 Minuten mit dem Taxi ab Hafentor. Vom Schiff bis zum Hafentor sind es ca. 15 Minuten.

Rundgang **St. Petersburg im Uhrzeigersinn.** Am besten lässt man sich vom Taxi zur Eremitage bringen. Von hier aus kann man über die Newabrücke mit den **Rostra-Säulen** spazieren, die ursprünglich als Leuchttürme geplant waren. Auf der anderen Flussseite beherrscht die **Börse,** mit ihren Säulen an einen griechischen Tempel erinnernd, die Spitze der Vassliyinsel. Es ist aber weniger die Börse als vielmehr der Blick auf das jetzt gegenüberliegende Ufer mit dem Winterpalast, der diesen Punkt so einmalig macht.

Die Romanows

Nach den Rurikiden waren die Romanows die zweite Dynastie, aus der die russischen Zaren hervorgingen. 1613 wurde Michael Fjodorowitsch von der russischen Ständeversammlung als Michael I. zum Zaren gewählt. Die bekanntesten Häupter der Romanows sind Peter I., Gründer von St. Petersburg, und Katharina die Große. Das Ende der Dynastie kam 1917 mit der russischen Revolution und der Ermordung von Zar Nikolaus II. und seiner Familie.

Der Weg führt nach rechts über die Birzevoj-Brücke zur **Peter-und-Paul-Festung.** Das aufgestellte Denkmal *Peters des Großen* ist ungewöhnlich. Statt in Heldenpose ist er klein, dick und kahlköpfig dargestellt. Anfangs ungeliebt, ist die Figur heute ein gefragtes Fotomotiv. Hauptsehenswürdigkeit der Insel ist die

Peter-und-Paul-Kathedrale. In ihr sind fast alle *Romanows* begraben, nur *Peter II.* und *Iwan VI.* fehlen.

- Peter-Paul-Kathedrale, geöffnet: Di. 11–18 Uhr, Do.–Mo. 11–16 Uhr, Eintritt: 120 Rubel (3 €) für Kathedrale und Museum

Leo Trotzki
(eigentlich Lew Dawidowitsch Bronstein).
Trotzki wurde am 7. November 1879 in der Ukraine geboren. Er war neben Karl Marx, Friedrich Engels und Lenin einer der führenden Köpfe des Marxismus. Er gilt als Gründer der Roten Armee. Am 20. August 1940 wurde er von einem Agenten Stalins in Mexiko ermordet.

Am Newa-Tor landeten alle, auf die das hinter der Festung liegende **Gefängnis** wartete, u. a. *Trotzki* und *Dostojewski.*

- Trubezkoj-Bastion, geöffnet: Di. 11–18 Uhr, Do.–Mo. 11–16 Uhr

Wer möchte, kann vor der erneuten Newa-Überquerung noch ein Stück die Petrovskaja entlanggehen. Auf dem Weg zur „Aurora" liegt links das kleine Haus *Peters des Großen,* das älteste Haus der Stadt. Es verwundert, wie bescheiden der Zar gelebt hat. Die **„Aurora"** ist ein russisches Kriegsschiff der ehemaligen zaristischen Marine und liegt seit ihrer Außerdienststellung 1956 als Museumsschiff in St. Petersburg. Mit Schüssen aus der Bordkanone der „Aurora" begann am 25.10.1917 der Sturm auf den Winterpalast. Über die Troicky-Brücke geht es über die Newa Richtung Winterpalast.

Fjodor Michailowitsch Dostojewski
Dostojewski wurde am 30. Oktober 1821 in Moskau geboren. Er war einer der bedeutendsten Schriftsteller Russlands. Zu seinen bekanntesten Werken zählen „Die Brüder Karamasow", „Der Idiot" und „Schuld und Sühne". Dostojewski starb am 28. 01. 1881 in St. Petersburg.

Am anderen Ufer angekommen, liegt links der **Sommerpalast.** *Peter der Große* war nicht prunksüchtig, daher ist der Palast eher unscheinbar. Zu sehen sind neben vielen Gemälden das Schlafzimmer des Zaren und die Suite seiner zweiten Ehefrau Katharina.

095lg Foto: md

▶ Erlöserkirche, auch Blutskirche oder Auferstehungskirche genannt

- Sommerpalast, 2 Kutuzova, geöffnet: Mi.–Mo. 10–18 Uhr, Eintritt: 150 Rubel (3,70 €)

Nach dem Überqueren des riesigen Marsfeldes, einer Grünfläche mit „ewiger Flamme" zum Gedenken an die Opfer der Revolution von 1917, liegt zwischen Millionärsstraße und dem Newa-Ufer das **Marmorpalais.** Es war ein Geschenk *Katharinas* an ihren Geliebten, Graf *Orlow.*

- Marmorpalais, 5/1 Millionaja, geöffnet: Mi.–So. 10–17 Uhr, Mo. 10–16 Uhr, Eintritt: 9 €

In der Millionärsstraße, der **Millionaja,** stehen die schönen alten Adelshäuser. Nach links durch die Moskov und über die Moika geht es zur **Erlöserkirche,** auch Auferstehungskirche oder Blutskirche genannt, da an dieser Stelle Zar *Alexander II.* ermordet wurde. Innen markiert ein Baldachin die

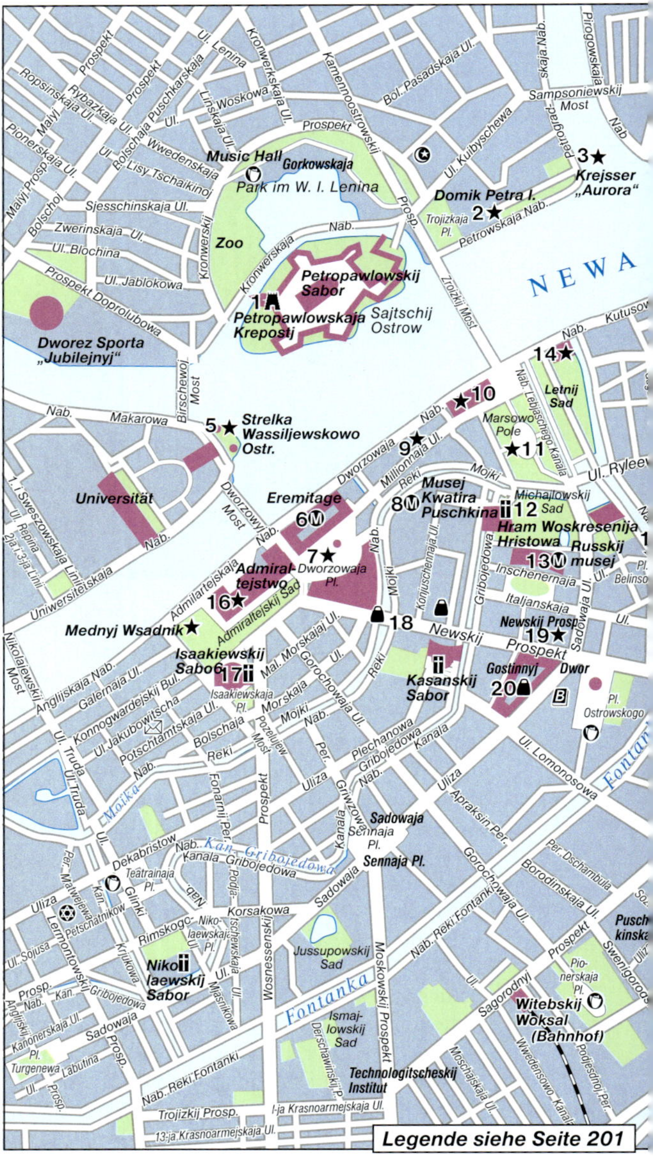

Music Hall
Gorkowskaja
Park im W. I. Lenina
Zoo
Petropawlowskij Sabor
1 Petropawlowskaja Krepostj
Sajtschij Ostrow
Dworez Sporta „Jubilejnyj“
Domik Petra I.
2
3 Krejsser „Aurora“
Trojizkaja Pl.
NEWA
5 Strelka Wassiljewskowo Ostr.
Universität
Eremitage
6
7
Dworzowaja Pl.
8 Musej Kwatira Puschkina
9
10
11
Marsowo Pole
Letnij Sad
12 Michajlowskij Sad
Hram Woskresenija Hristowa
13 Russkij musej
14
Admiral-tejstwo
Admiraltejskij Sad
16
Mednyj Wsadnik
Isaakiewskij Sabor
17
Isaakiewskaja Pl.
18
Newskij Prosp.
19
Newskij Prospekt
Kasanskij Sabor
Gostinnyj Dwor
20
Pl. Ostrowskogo
Sadowaja
Sennaja Pl.
Teatralnaja Pl.
Nikolaewskij Sabor
Jussupowskij Sad
Ismajlowskij Sad
Technologitscheskij Institut
Witebskij Woksal (Bahnhof)
Pionerskaja Pl.
Turgenewa Pl.
Fontanka
Moika
Kan. Gribojedowa
Zroizkij Most
Birschewoj Most
Dworzowyj Most
Nikolajewskij Most
Sampsoniewskij Most
Kronwerkskaja Nab.
Petrowskaja Nab.
Dworzowaja Nab.
Nab. Makarowa
Uniwersitetskaja Nab.
Anglijskaja Nab.
Admiraltejskaja Nab.
Kutusowa Nab.
Nab. Reki Fontanki
Prospekt Doprolubowa
Kamennoostrowskij Prosp.
Bol. Pasadskaja Ul.
Ul. Kuibyschewa
Kronwerkskaja Ul.
Ul. Lenina
Lisy Tschaikinoj
Sjesschinskaja Ul.
Zwerinskaja Ul.
Ul. Blochina
Ul. Jablokowa
Millionnaja Ul.
Ul. Ryleewa
Italjanskaja
Inschenernaja
Konjuschennaja Ul.
Galernaja Ul.
Konnogwardejskij Bul.
Ul. Jakubowitscha
Potschtamtskaja Ul.
Mal. Morskaja Ul.
Gorochowaja Ul.
Ul. Lomonosowa
Apraksin Per.
Moskowskij Prospekt
Wosnessenskij Prospekt
Sadowaja Ul.
Ul. Dekabristow
Lermontowskij Prosp.
Rimskogo-Korsakowa
Borodinskaja Ul.
Sagorodnyj Prospekt
Moschajskaja Ul.
Trojizkij Prosp.
1-ja Krasnoarmejskaja Ul.
13-ja Krasnoarmejskaja Ul.
Legende siehe Seite 201

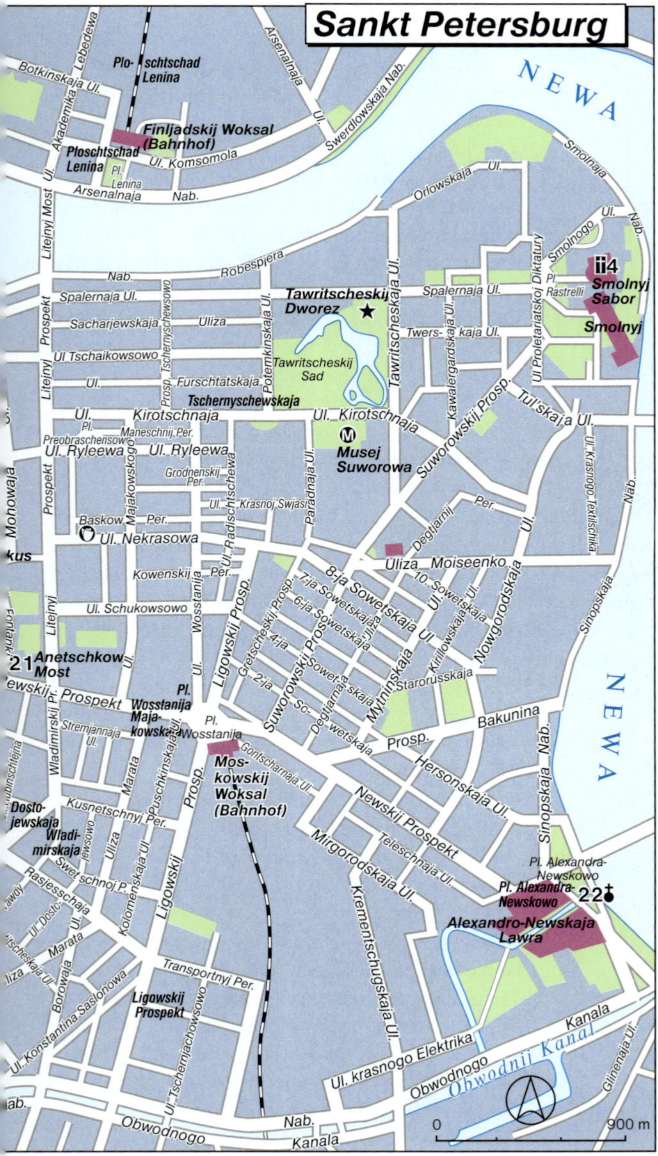
Sankt Petersburg
Newa
Plo- schtschad Lenina
Finljadskij Woksal (Bahnhof)
Ploschtschad Lenina
Pl. Lenina
Botkinskaja Ul.
Akademika Lebedewa
Ul. Komsomola
Arsenalnaja Nab.
Arsenalnaja Ul.
Swerdlowskaja Nab.
Litejnyj Most
Robespjera Nab.
Spalernaja Ul.
Sacharjewskaja Uliza
Ul Tschaikowsowo
Furschtatskaja Ul.
Tschernyschewskaja
Prosp. Tschernyschewsowo
Potemkinskaja Ul.
Tawritscheskij Dworez
Tawritscheskij Sad
Tawritscheskaja Ul.
Kirotschnaja Ul.
Pl. Preobraschensowo
Maneschnij Per.
Ul. Ryleewa
Grodnenskij Per.
Ul. Krasnoj Swjasi
Musej Suworowa
Paradnaja Ul.
Litejnyj Prospekt
Baskow Per.
Majakowskogo
Ul. Nekrasowa
Kowenskij Per.
Ul. Radischtschewa
Ul. Schukowsowo
Ul. Wosstanija
Ligowskij Prosp.
Orlowskaja Ul.
Smolnaja Nab.
Smolnogo Ul.
Pl. Rastrelli
4 Smolnyj Sabor
Smolnyj
Ul Proletariatskoj Diktatury
Twerskaja Ul.
Kawalergardskaja Ul.
Suworowskij Prosp.
Tul'skaja Ul.
Ul. Krasnogo Textilschika
Degtjarnij Per.
Uliza Moiseenko
8-ja Sowetskaja Ul.
7-ja Sowetskaja Uliza
6-ja Sowetskaja
10. Sowetskaja Ul.
Kirillowskaja Ul.
Nowgorodskaja Ul.
Mytninskaja
Starorusskaja
4-ja Sowetskaja
2-ja Sowetskaja
Gretscheskij Prosp.
Suworowskij Prosp.
Degtjarnaja
Bakunina Prosp.
Sinopskaja Nab.
Monowaja
21 Anetschkow Most
Newskij Prospekt
Pl. Wosstanija
Majakowskaja
Pl. Wosstanija
Stremjannaja Ul.
Wladimirskij Pr.
Marata
Puschkinskaja Ul.
Mos-kowskij Woksal (Bahnhof)
Gontscharnaja Ul.
Hersonskaja Ul.
Dosto-jewskaja
Wladi-mirskaja
Kusnetschnyj Per.
Uliza
Swetschnoj P.
Rasjesschaja
Kolomenskaja Ul.
Ligowskij Prosp.
Mirgorodskaja Ul.
Teleschnaja Ul.
Krementschugskaja Ul.
Pl. Alexandra-Newskowo
22 Alexandro-Newskaja Lawra
Transportnyj Per.
Ligowskij Prospekt
Ul. Tschernjachowsowo
Ul. Konstantina Saslonowa
Borowaja
Ul. krasnogo Elektrika
Obwodnogo Kanala
Obwodnij Kanal
Glinjanaja Ul.
Obwodnogo Nab. Kanala
0 900 m

Russland

Stelle des Attentats. Vorbild für die Kirche war die Basiliuskathedrale in Moskau.

- Erlöserkirche, Gribojedow-Kanal 26, geöffnet: Mo., Di., Do.–So. 11–17 Uhr, Eintritt: 300 Rubel (7,40 €)

Entlang des Kanals geht es schnurgerade zum **Newskij Prospekt.** Edelboutiquen, Delikatess-Geschäfte und Kaufhäuser verleiten zum Zücken der Kreditkarten. Am Ende der Prachtstraße leuchtet die Spitze des 72 m hohen Turms der **Admiralität.** Rechts liegt der **Schlossplatz,** einer der schönsten Plätze der Stadt. In der Mitte erinnert die Säule an den Sieg *Alexanders II.* über *Napoleon.* Rund um den Platz gruppieren sich Generalstab, Wache, Admiralität und der Winterpalast.

Zugang zur Eremitage
Oft bilden sich vor dem Eingang zur Eremitage endlose Warteschlangen. Es ist ratsam, den Besuch im Rahmen eines organisierten Ausflugs zu unternehmen, da gebuchte Gruppen nicht warten müssen.

Zarin *Elisabeth* gab den **Winterpalast** in Auftrag, den Hofarchitekt *Rastrelli* im Barockstil erbauen ließ. Im Palast und in den Nebengebäuden ist die **Eremitage** untergebracht. Die riesige Kunstsammlung verteilt sich auf mehr als 1000 Räume. Will man alles sehen, sollte man mindestens 70 Jahre einplanen!

- Winterpalast und Eremitage, Dvortsovaya, geöffnet: Di.–Sa. 10.30–18 Uhr, So. 10.30–17 Uhr, Eintritt: 400 Rubel (10 €), www.hermitagemuseum.org

Entlang der Admiralität führt die Admiraltejskij zur **Isaak-Kathedrale.** Dach und Kuppel werden von 112 Säulen getragen. Innen zeigt die Kuppel die Muttergottes, unter deren Bild 14.000 Gläubige Platz finden. Von der Aussichtsplattform geht der Blick weit über das Südufer der Newa.

- Isaak-Kathedrale, geöffnet: Do.–Di. 11–19 Uhr, Eintritt: 150 Rubel (4,30 €)

Legende zum Cityplan St. Petersburg, S. 198

♜	1	Peter-und-Paul-Festung mit Peter-und-Paul-Kathedrale
★	2	Haus Peter des Großen
★	3	Kriegsschiff „Aurora"
⛪	4	Smolnyi-Kathedrale
★	5	Rostra-Säulen
Ⓜ	6	Eremitage
★	7	Schlossplatz
Ⓜ	8	Puschkin Museum
★	9	Millionärsstraße
★	10	Marmorpalais
★	11	Marsfeld
⛪	12	Erlöserkirche (Auferstehungskirche)
Ⓜ	13	Russisches Museum
★	14	Sommerpalast
★	15	Zirkus Cinizelli
★	16	Admiralität
⛪	17	Isaak-Kathedrale
🛍	18	Passash
★	19	Newskij Prospekt
🛍	20	Gostinnyj Dwor
★	21	Anetschkow-Brücke
☦	22	Alexander-Newskij-Kloster

Nur wenige Schritte sind es zum Isaak-Platz mit dem markanten Reiterstandbild *Peters des Großen.* Am Kanal starten die Boote zur einstündigen Kanalrundfahrt.

- Kanalrundfahrt: stündlich 10–22 Uhr

Landpartie

Peterhof. Der Palast und der wunderschöne Park mit Fontänen und vergoldeten Figuren locken jährlich Tausende zur Sommerresidenz *Peters des Großen.* Schnellboote fahren ab der Eremitage zum Peterhof.

- Peterhof, geöffnet: Di.–So. 10.30–18 Uhr (letzter Di. im Monat geschlossen), Eintritt: Park 300 Rubel (7,40 €), Palast 430 Rubel (10,70 €), Fahrzeit: ca. 30 Minuten pro Strecke

Dauer des Rundgangs

Wie bereits unter „Landausflüge - individuell" erwähnt, kann man nie alles besichtigen. Das gilt besonders für St. Petersburg, denn die Stadt ist viel zu groß und bietet eine Fülle von Sehenswürdigkeiten. Selbst der vorgeschlagene Stadtrundgang lässt sich nicht vollständig an einem Tag bewältigen. Er kann aber leicht in Etappen unterteilt werden, sodass Sie das für Sie Interessante besichtigen können.

▶ Peterhof mit dem prunkvollen Kaskadebrunnen

Tsarskoje Selo, übersetzt das „Zarendorf", war eine der Sommerresidenzen der Zaren. 1725 von Zarin *Katharina I.* erbaut, waren die Schlösser und Parkanlagen der Lieblingsort von Zarin *Elisabeth* und *Katharina der Großen.* Höhepunkt ist die Besichtigung des rekonstruierten **Bernsteinzimmers.**

Weiße Nächte
Die Weißen Nächte, in denen es nur kurz dunkel wird, sind in der Zeit vom 11. Juni bis 2. Juli.

- Anfahrt: mit dem Zug vom Bahnhof Vitebsky. Der Bahnhof ist mit der Metro, Station Pushkinskaja, zu erreichen. Die Haltestelle für Tsarskoje Selo ist Detskoje Selo. Die Fahrt dauert ca. 30 Minuten, Fahrpreis pro Strecke 16 Rubel (0,45 €). Geöffnet: 10–17 Uhr, Mi.–Mo. (Di. und letzter Mo. im Monat geschlossen), Eintritt: 520 Rubel (14,80 €) inkl. Bernsteinzimmer.

  Auf eigene Faust ist der Ausflug nicht zu empfehlen, denn Züge und Busse fahren nicht immer zuverlässig. Da ist es besser, eine Tour z. B. für 2 Pers. für 119 € bei *Sergej Martschukov* (s. u.) zu buchen.

Das Besondere

Stadtrundgang mit einem Insider. *Sergej Martschukov* zeigt Einzelreisenden und kleinen Gruppen (bis 4 Pers.) seine Stadt. Ob Stadtführungen, Ausflüge in die Umgebung oder Theaterkarten, *Sergej* kümmert sich kompetent um alle Wünsche. Man kann sich mit ihm an einem vorab ausgemachten Ort treffen.

- *Sergej Martschukov,* Mobil +7 9119672483, E-Mail: info@petersburg-hautnah.com, www.petersburg-hautnah.com, Touren ab 39 € pro Pers., Eintrittsgelder: extra

Touren

Eine **Bootsfahrt** über die Flüsse und Kanäle der Stadt bietet eine wunderschöne Möglichkeit, einen neuen ungewöhnlichen Blick auf die Stadt zu bekommen. Während der Wasserreise auf Newa, Moika, Fontanka oder Gribojedow-Kanal mit ihren schönen Uferstraßen, prächtigen Häuserfassaden und eleganten Brücken versteht man, warum St. Petersburg als das „Nördliche Venedig" bezeichnet wird. Die Bootsfahrt beginnt neben dem Newskij Prospekt, dauert etwa 1 Std. und kostet ca. 350 Rubel (10 €) ohne Guide.

Newabrücken

Denken Sie bitte daran, dass die Newabrücken von ca. 2-5 Uhr hochgezogen werden. Sie müssten dann bis in den Morgen feiern, da Sie nicht mehr zum Schiff kommen, falls es auf der Vassilyinsel festgemacht hat.

Infos

- **City Tourist Information Center,** Ul. Sadovaya 14/52, Tel. +7 (812) 3108262, geöffnet: Mo.–Fr. 10–19 Uhr, Sa. 12–18 Uhr, E-Mail: info@ctic.spb.ru, www.petersburg-info.de, www.gca.ru/engl/index.shtml (viele Infos)

Einkaufen

- **Tatjana Parfionow,** Newskij Prospekt 51. Statt Mode aus Mailand oder Paris gibt es hier Mode aus St. Petersburg. *Tatjana Parfionow* feiert Erfolge im In- und Ausland.
- **Gostinnyj Dwor,** Newskij Prospekt 35. Das langgestreckte gelbe Haus ist nicht zu übersehen. Seit dem 18. Jahrhundert wird in dem größten Einkaufszentrum der Stadt vom Kaviar bis zum Pelzmantel alles verkauft. Geöffnet: tgl. 10–22 Uhr.

Veranstaltungen

- **Mariinsky Theater,** 1, Teatralnaya Ploschtschad, Tel. +7 812 3264141, E-Mail: post@mariinsky.ru, www.mariinsky.ru/en (Karten für Oper und Ballett können im Internet bestellt werden)

060lg Foto: pl, Joachim Riedel, www.pixelio.de

Schweden

Sprache Schwedisch; Englisch, Deutsch sind weit verbreitet.

Währung Schwedische Krone (Skr), 1 Skr = 100 Öre, 1 Skr = 0,10 €, 1 € = 9,74 Skr (Stand: April 2010)

Trinkgeld Falls eine Servicepauschale nicht bereits enthalten ist, sind 10 % üblich. Taxifahrer erwarten 10 %.

Öffnungszeiten Allgemeine Öffnungszeiten sind Mo.–Fr. 10–18 Uhr, Sa. 10–15 Uhr, So. 10–16 Uhr.

Göteborg

Kurz und bündig Auch vor Göteborg ist eine Schärenwelt zu bewundern, daher sollte man rechtzeitig vor dem Einlaufen in den Hafen an Deck sein. Vor der Hafeneinfahrt passieren die Schiffe die Festung Elfsborg. Göteborg hat den größten Hafen Skandinaviens und ist mit 470.000 Einwohnern Schwedens zweitgrößte Stadt. Sie ist eine wichtige Handels- und Industriestadt. 1927 baute Volvo hier das ers-

◄ Vorseite: Der Hafen von Göteborg

▼ Opernhaus

te Auto. Die Innenstadt ist von überschaubarer Größe, die Sehenswürdigkeiten lassen sich gut zu Fuß erreichen.

In die Stadt Es ist nur ein Katzensprung in die Stadt. Zu Fuß dauert es ca. 10 Minuten.

Rundgang Der Stadtrundgang beginnt am Touristbyrån. Hier gibt es den Göteborg Pass und hier starten auch die Rundfahrtbusse.

Am **Kungsportsplatsen** überquert man die Östra Hamngatan und biegt in die Kungstorget ab. In den **Saluhallen,** erbaut 1889, türmen sich Gemüse, Obst und Delikatessen. Verlässt man die Halle, geht der Weg weiter durch die gemütliche Fußgängerzone, die Korsgatan. Nach links führt die Kungsgatan zum **Dom.** Erbaut im Jahre 1815, überragt er das ganze Viertel.

- Domkyrke, tgl. geöffnet, häufig Konzerte

Nach einer kurzen Besichtigung geht es durch die Västra Hamngatan. Kurz vor dem breiten Kanal, Stora Hamnkanalen, kommen Antiquitätensammler auf ihre Kosten. In der **Västra Hamngatan 6** kann nach Herzenslust in alten Dingen gestöbert werden.

Auf der Kämpebron-Brücke überquert man den Hamnkanalen. Von dem Pier am Kanal verließen viele Schweden ihr Land in Richtung Amerika. Entlang des Kanals, in der Norra Hamngatan, stehen viele Häuser aus dem 18. und 19. Jahrhundert.

Im Haus der Schwedischen Ostindien-Kompanie, dem **Ostindiska Huset,** ist das **Stadtmuseum** untergebracht. Es zeigt Funde aus der Wikingerzeit und Ausstellungsstücke zur Stadtgeschichte.

- Stadtmuseum, Norra Hamngatan 22,
  geöffnet: Mai–Aug. Di.–So. 10–17 Uhr,
  Eintritt: mit Göteborg Pass frei, ohne Pass
  40 Skr (4,10 €)

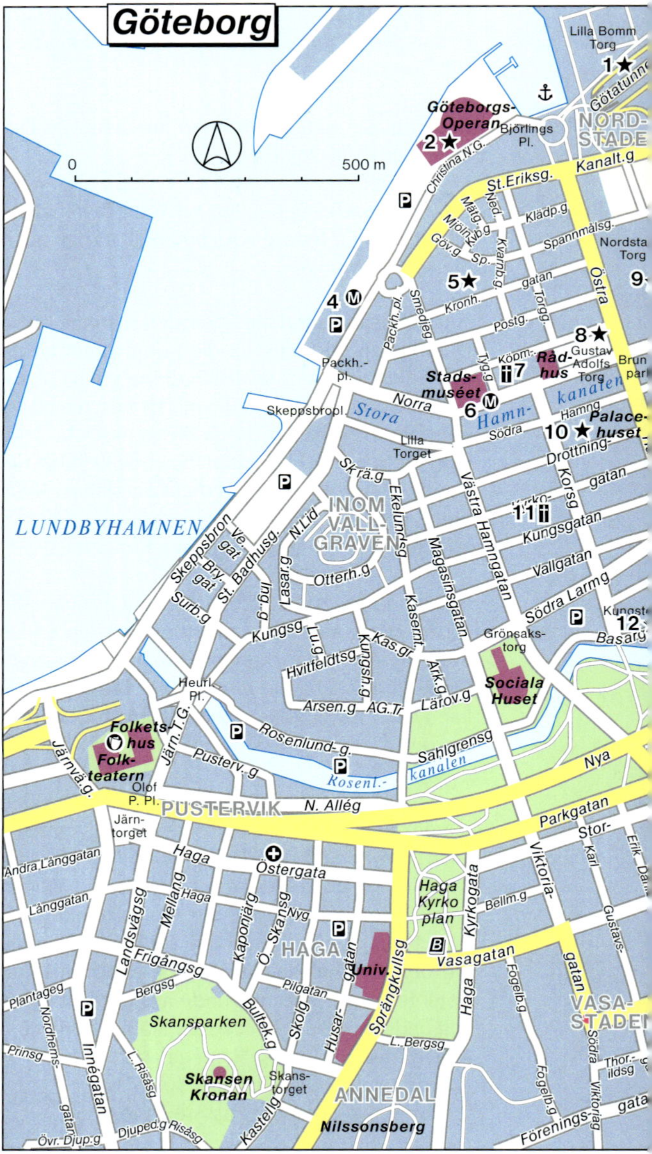
Göteborg
0
500 m
LUNDBYHAMNEN
Lilla Bomm Torg
Götatunnel
NORDSTADEN
Göteborgs-Operan
Björlings Pl.
Christina N.G.
Kanalt.g
St.Eriksg.
Klädp.g
Spannmålsg.
Nordstan Torg
Östra
Smedjeg
Packh.pl.
Kronh.
Postg.
Torgg.
Kvarnb.g.
Packh.-pl.
Skeppsbropl.
Stora Hamn-kanalen
Norra
Södra
Hamng
Stads-muséet
Råd-hus
Gustav Adolfs Torg
Brunnsparken
Palace-huset
Lilla Torget
Drottning-gatan
Korsg
Västra Hamngatan
INOM VALLGRAVEN
Ekelundsg
Magasinsgatan
Kungsgatan
Vallgatan
Södra Larmg
Kungstorget
Basarg.
Grönsaks-torg
Sociala Huset
Skeppsbron
Vä. gat
Bry. gat
St. Badhusg.
N.Lid.
Lasar.g
Otterh.g
Ing.g
Surb.g
Kungsg
Lu.g
Kungsh.g
Kas.g
Kasernt.
Hvitfeldtsg
Ark.g
Lärov.g
Heurl. Pl.
Arsen.g
AG.Tr
Rosenlund-g.
Rosenl.-kanalen
Sahlgrensg
Folkets-hus
Folk-teatern
Järnvä.g.
Järn.T.G.
Pusterv. g
Olof P. Pl.
PUSTERVIK
N. Allég
Nya
Parkgatan
Järn-torget
Andra Långgatan
Långgatan
Haga Östergata
Haga Nyg
Landsvägsg
Mellang
Kaponjärg
Ö. Skansg
HAGA
Husargatan
Univ.
Sprängkullsg
Haga Kyrko plan
Kyrkogata
Bellm.g
Viktoria-
Stor-
Karl
Erik Dahl
Gustavs-gatan
Vasagatan
Haga
Fogelb.g
VASA-STADEN
Södra Viktoriag
Thor-ildsg
Förenings-gata
Frigångsg
Bergsg
Pilgatan
Skolg
Bultek.g
Plantageg
Nordhems-gatan
Prinsg
Innégatan
L. Risåsg
Skansparken
Skansen Kronan
Skans-torget
Kastellg
ANNEDAL
L. Bergsg
Nilssonsberg
Övr. Djup.g
Djuped.g
Risåsg

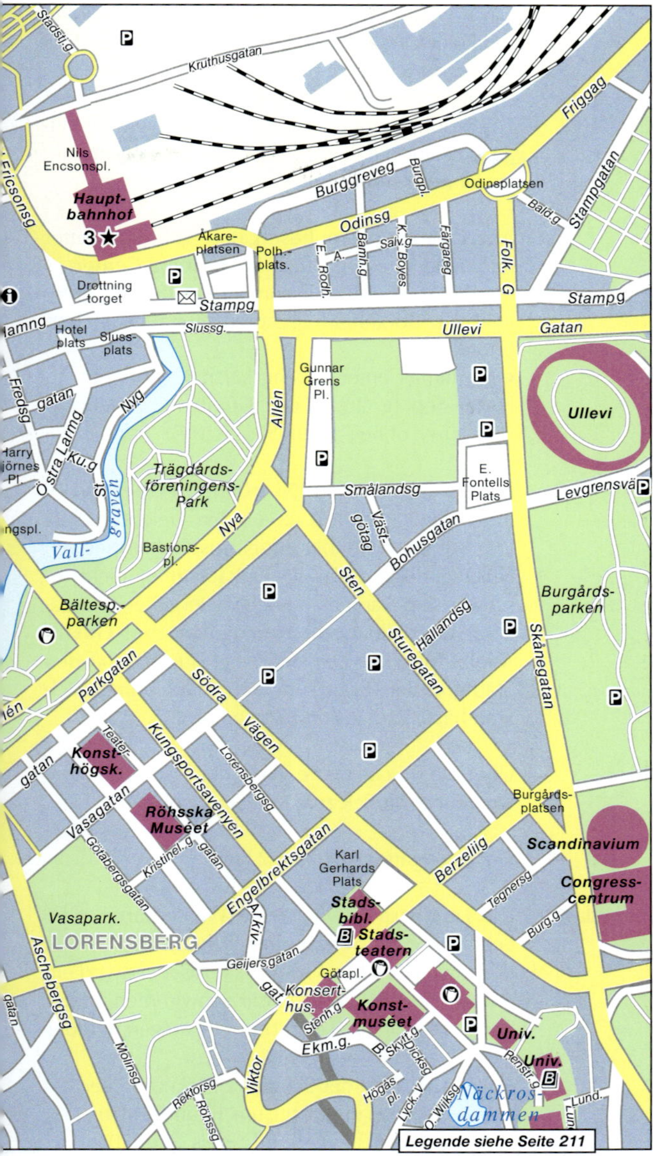

Legende siehe Seite 211

Schweden

Etwas weiter steht die **Kristine Kyrka,** die Kirche der Deutschen. Jeden Tag um 13 Uhr erklingt das Glockenspiel.

Nach links biegt die Tyggårdsgatan ab und führt zur Kronhusetgatan mit dem Kronhuset, dem ältesten Haus der Stadt. Früher einmal ein Getreidespeicher, proben heute Göteborger Musiker.

Am Ende der Kronhusetgatan geht es weiter durch die Smedjegatan zum **Maritima Center.** Es ist eine Art Freilichtmuseum für Schiffe. Im Center ankern U-Boote und Zerstörer, aber auch Fischerboote.

- Maritima Center, Packhuskajan 8, geöffnet: Mai–Sep. tgl. 10–18 Uhr, Eintritt: mit Göteborg Pass frei, ohne Pass 80 Skr (8,20 €)

Etwas weiter, an der 1994 eröffneten **Oper** vorbei, führt eine kleine Brücke von dem belebten Platz Lilla Bommen hinüber zur Nordstan, der riesigen Einkaufsmeile. Falls die Einkaufstüten nicht zu schwer sind, kann man noch weitergehen und gelangt über die Östra Hamngatan zum **Gustaf Adolfs Torg.** Das Denkmal zeigt *Gustaf Adolf,* den Stadtgründer. Rund um den Platz reihen sich Stadthaus, Rathaus und Börse.

Über die Brücke und entlang der Östra Hamngatan geht es zurück zum Kungsportsplatsen.

Der Rundgang dauert ca. 2 Std.

Landpartie

Die Landpartie ist hier eine Wasserpartie, eine Schiffsreise zur **Schäreninsel Vinga.** Die Insel ist der letzte Fleck Land vor der Nordsee. Es wird ein ruhiger Tag auf der Insel mit Schwimmen, in der Sonne liegen, den Leuchtturm besteigen und das kleine Museum besuchen.

- Vinga, Abfahrt des Schiffes ab Lilla Bommen Mai–Sep. Sa., im Juli tgl. um 10 und 14 Uhr, Dauer des Ausflugs: 3 Std., Preis: Skr 550

Legende zum Cityplan Göteborg, S. 208

★	1	Lilla Bommen	⛪	7	Deutsche Kirche
★	2	Oper	★	8	Gustav Adolfs Torg
★	3	Hauptbahnhof	★	9	Nordstan
Ⓜ	4	Maritima Center	★	10	Palacehuset
★	5	Kronhuset	⛪	11	Dom
Ⓜ	6	Ostindiska Huset mit Stadtmuseum	★	12	Saluhallen

(49,50 €). Deutschsprachige Erklärungen und Verpflegung an Bord.

Das Besondere

• Der **Göteborg Pass** ist gültig für 24 Stunden, Preis: 245 Skr (25,20 €). Erhältlich ist er im Touristenbüro. Damit hat man freie Fahrt mit den öffentlichen Verkehrsmitteln, freien Eintritt in mehrere Museen sowie bei Stadtrundfahrten mit Bus und Boot.

Fahrt zur Festung Elfsborg. Die Festung aus dem 17. Jahrhundert schützte einst die Stadt gegen die Dänen. Die Anlage ist hervorragend erhalten und es bleibt genug Zeit für eine Besichtigung. Wer bei der Besichtigung hungrig wird, besucht das gemütliche Kommendantens Café, in dem hausgemachter Kuchen wartet.

• Elfsborg. Ab 10 Uhr fahren die Schiffe ab Lilla Bommen fast stündlich zur Festung, Überfahrt: ca. 30 Min., Preis für die Schiffsfahrt: 150 Skr (15,50 €)

Touren

Bei einer **Kanalfahrt** kann man Göteborg vom Wasser aus betrachten. Die Fahrt ist beim Kauf des Göteborg Passes kostenlos, ohne Pass bezahlt man 130 Skr (13,40 €).

• Paddanfahrten. Karten in der Touristeninformation, Abfahrt: Kungsportsplatsen am Touristenbüro. Fahrtzeit: ca. 50 Min.

▲ Avenyn – die Haupteinkaufsstraße

Ebenfalls mit dem Pass kostenlos ist die **Stadtrundfahrt** mit dem Bus. Abfahrten: 11, 12, 14, 15, 16 und 17 Uhr, Dauer: ca. 50 Minuten. Abfahrt ist am Stora Teatern, auf der dem Touristenbüro gegenüberliegenden Kanalseite. Ohne Pass kostet die Stadtrundfahrt 125 Skr (13 €).

Infos

- **Touristeninformation,** Kungsportsplatsen 2, 41110 Göteborg, Tel. +46 (0) 31612500, geöffnet: Juni tgl. 9.30–18 Uhr, Juli–16. Aug. 9.30–20 Uhr, 17. Aug.–Sep. 9.30–18 Uhr, E-Mail: turistinfo@goteborg.com, www.goteborg.com

Einkaufen

Wer unterwegs noch nicht fündig geworden ist, sollte nach einem Stadtbummel noch einmal die **Avenyn** entlangschlendern, wo sich in den vielen Geschäften das Eine oder Andere finden lässt. Aber denken Sie immer daran, Schweden ist kein Schnäppchenland!

Gotland/Visby

Nach Visby wird getendert.

Kurz und bündig

90 km trennen Gotland vom Festland. Mit einer Länge von 176 km und einer Breite von 50 km ist Gotland die größte Insel der Ostsee. Von den 58.000 Einwohnern leben 22.000 in der Hauptstadt Visby (seit 1955 UNESCO-Weltkulturerbe).

In die Stadt

Vom Hafen bis zur Stadt sind es nur wenige Minuten zu Fuß.

Rundgang

Schon von Weitem sieht man das Wahrzeichen von Visby, die mittelalterliche **Stadtmauer.** Bei einem Rundgang ist das 4 km lange, 12 m hohe und mit 44 Türmen versehene Bollwerk fast von überall zu sehen. Sie schützte nicht nur vor Feinden von See aus, sondern auch vor der Inselbevölkerung. Visby war die Drehscheibe für den Handel mit Norwegen, Russland und anderen Ostseestaaten. Von diesem Handel, von der Stadtbevölkerung beherrscht, war die Inselbevölkerung ausgeschlossen. Das führte immer wieder zu Aufständen. Visby schützte sich mit Mauern und Wallanlagen, die am besten zwischen Österport und Snäckgådenporten erhalten geblieben sind.

Achtung, gepflasterte Gassen! *Passagiere mit Behinderungen sollten bedenken, dass die Gassen gepflastert sind und steile Treppen von der Ober- zur Unterstadt führen.*

Vom Hafen, die kurze Skeppsbron hinauf, sind es nur wenige Schritte zur Strandgatan, die direkt ins **Zentrum der Altstadt** führt. Hier schlängeln sich enge Gassen mit Kopfsteinpflaster an schmalen Speicherhäusern vorbei. Einst waren sie gefüllt mit Brokatstoffen, Pelzen und Gewürzen. Handelshäuser mit dicken Mauern und Treppengiebeln zeugen vom Reichtum der einstigen Bewohner. Daneben ducken sich kleine Wohnhäuser mit Butzenscheiben und Rosen neben der Eingangstür.

Vom Donnersplats der Strandgatan folgend, erreicht man nach kurzer Wegstrecke das **Fornsa-**

len Museum (Landesmuseum). Besonders interessant sind die Funde aus der Wikingerzeit, z. B. ein großer Silberschatz.

- Fornsalen Museum, Strandgatan 14. Das Museum zeigt Funde aus der Zeit der Völkerwanderung, der Wikinger und des Mittelalters. Geöffnet: 15. Mai–17. Sep. tgl. 10–17 Uhr, Eintritt: 60 Skr (6,50 €), Café und Shop mit Wikingerschmucknachbildungen. Der Shop ist Di.–So. 12–16 Uhr geöffnet.

Unmittelbar hinter dem Museum rechts führt die zweite Querstraße, Tranhusgatan, nach links zu einigen Kirchenruinen. In der Altstadt gab es einst 16 Gotteshäuser, aber nur eines ist erhalten geblieben. Überquert man diagonal den Stora Torget, führt links eine kleine Gasse zur **Domkirche St. Marien.** Sie war die Kirche der deutschen Gotlandfahrer. Sie wurde glücklicherweise bei einem Angriff der Lübecker verschont.

- Domkirche St. Marien, Norra Kyrkogatan 4. Sehenswert sind das Christusbild und die Visby-Madonna aus dem 13. Jahrhundert. Im Sommer finden mittwochs Konzerte statt.

Aber Visby ist kein Freilichtmuseum. Besonders im Sommer geht es quicklebendig zu. In die Ruine von St. Nikolai kehrt das Leben zurück, wenn sie in der ersten Augustwoche zur Kulisse des Kammermusik-Festivals wird. In den von Blumen überquellenden Hinterhöfen sind kleine Cafés geöffnet. Kuchen, Torten und der Duft frischen Kaffees locken zum Verweilen und Schlemmen. In den alten Speicherhäusern sind Boutiquen, Galerien und Geschäfte eingezogen. Künstler stellen ihre Glas- und Keramikarbeiten zum Verkauf aus, nebenan findet Designermode ihre Kundschaft. Vor kleinen Geschäften stapeln sich Mützen und Schals aus Lammwolle und erinnern daran, dass auch auf Gotland einmal der sonnigste Sommer zu Ende geht.

Für den Rundgang sollten 2½–3 Stunden eingeplant werden.

Landpartie

Für eine Landpartie ist ein Mietwagen unverzichtbar. Eine Karte (vom Autoverleih) und das gut ausgebaute Straßennetz machen es einfach, die interessante Insel zu erkunden. Das typische Schweden gibt es auf Gotland nicht. Keine weiten Wälder, keine stillen Seen und keine kühlen Sommer. So weit das Auge reicht erstrecken sich die Heideflächen, unterbrochen von knorrigen Wacholderbüschen. Hier grast in kleinen Herden das blaugraue, gehörnte Gotlandschaf. Bauernhäuser leuchten rot zwischen Birken. Die Wiesen sind übersät mit Sommerblumen und seltenen Orchideen. Aus dem kleinen Kiefernwald reckt sich der weiße Turm einer Wehrkirche, jahrhundertelang nicht nur Gotteshaus, sondern auch Zufluchtsstätte. An der Küste liegen kleine Fischerorte mit mal sandigen, mal kiesbedeckten Stränden. Bei der Inselrundfahrt lohnt der Besuch des Kräutergartens Krusmyntagåden.

- **Krusmyntagåden,** Brissund, 62172 Visby, Tel. +46 (0) 498296900. 10 km nördlich von Visby liegt direkt am Meer der duftende Kräutergarten. Geöffnet: Mai–Aug. 10–18 Uhr, Juli 10–20 Uhr, behindertengerecht angelegt, Verkauf von Kräutern, Eintritt: 25 Skr (2,60 €), Kinder unter 15 Jahren frei.

Das Besondere

- **Kutschfahrt mit Ramona Numelin,** 62190 Visby, Tel. +46 (0) 498290350. Statt mit dem Auto kann man die Schönheiten Gotlands gemütlich von einer Kutsche aus entdecken. Gefahren wird direkt ab dem Hof von *Ramona Numelin,* er liegt ganz in der Nähe des Flughafens Visby.
- **Träkumia Rom,** Kneippbyn 15. Ein anderer Geist weht durch die Hallen dieser Rumdestillerie. Eine geführte Tour, ca. 1 Stunde, mit Kaffee und Kuchen kostet kostet 17 €, mind. 4 Pers., 2 km südlich von Visby.

Visby Altstadt
0
100 m
Fiskar-porten
Almedalen
Strandvägen
Kaserngatan
Cramérgatan
Donnersgatan
Cervins gata
Tage
Birgers gr
11
Strandgatan
10
Mellangatan
9
St. Hansgata
Hästgatan
Donners plats
Hamngatan
Hamnplan
13
14
Korsgatan
Skeppsbron
Strandgatan
Kilgränd
Residensgr.
Mellangatan
St. Hans-plan
12
Hästgata
St. Hansgatan
Korsgatan
Biekhagsbacken
Slottsterrassen
Kommendantsbacken
Skeppargatan
Sörda
Richtung Träkumia Rom
Slottsgränd
Visborgsgatan
Slottsbacken
Vårdklockegatan
Bredgatan
Adelsgatan
Skansporten
Artilleribacken
Visborgsgatan
Södertorg
Södra Murgatan
Kajsarporten
Söderport
Södervåg
Kung Magnus väg

Legende siehe Seite 219

Alle Ziele sind vom Hafen aus gut mit einem Taxi erreichbar.

Infos

- **Gotlandinfo,** Skeppsbron 4–6, Box 1403, 62125 Visby, Tel. +46 (0) 498201700, E-Mail: info@gotland.info, www.gotland.net, www.gotland.info, geöffnet: ganzjährig, Mo.–Fr. 8–17 Uhr, Sa.–So. 10–16 Uhr, Behindertentoilette, Service: Internet, geführte Touren

Autovermietung

- **Avis,** Donnersplats 2, 62157 Visby, Tel. +46 (0) 498219810, geöffnet: tgl. 7–22 Uhr

Einkaufen

- **Teeladen Kränku Te & Kaffe,** St. Hansplan 4, Tee, Kaffee und schwedische Süßigkeiten
- **Gotlandska Konsthantverkare & Formigivare,** Wallers Plats 5, Kunsthandwerk, Textilien, Holz, Glas und Keramik
- **Agnus,** Östra Tullgränd 19, Hausschuhe, Mützen und Handschuhe aus Lammfell
- **Karléns Sock Shop,** Adelsgatan 19, alles was die Füße warm hält
- **Yllet,** St. Hansgatan 19, elegante Mode aus Wolle, Leinen und Baumwolle

▼ Ritterkämpfe während der Mittelalterwoche

062lg Foto: ibs, www.imagebank.sweden.se, © Peter Grant

Legende zum Cityplan Visby, S. 216

•	1	Kutschfahrten mit Ramona Numelin
∴	2	St. Nikolai
∴	3	St. Klemens
⛪	4	Domkyran Sta. Maria
∴	5	Drottens
∴	6	St. Lars
∴	7	St. Katarina
⛪	8	St. Hansskolan
Ⓜ	9	Kunstmuseum
Ⓜ	10	Fornsalen Museum
★	11	Burmeister-Haus
∴	12	St. Hansruin
ℹ	13	Information
⛴	14	Anlegestelle der Tenderboote

Veranstaltungen In der zweiten Augustwoche findet die **Mittelalterwoche** statt. Ganz Visby hat sich dann dieser Zeit verschrieben. In den Straßen sieht man altes Handwerk, Gaukler und auch viele Zuschauer in mittelalterlichen Gewändern.

Karlskrona

Nach Karlskrona wird getendert.

Kurz und bündig Der schwedische König war auf der Suche nach einem geschützten Flottenstützpunkt. Die Insel Trossö erfüllte die Bedingungen. Mit dem Stützpunkt wurde 1680 Karlskrona auf 33 Inseln gegründet. Noch heute ist die Stadt Schwedens größter Marinehafen. Seit 1998 ist Karlskrona Weltkulturerbe der UNESCO.

In die Stadt Von der Anlegestelle sind es nur ein paar Schritte bis zu den ersten Sehenswürdigkeiten.

Rundgang Rund um den Hafen gruppieren sich die Marinegebäude aus der Gründungszeit des Flottenstützpunktes, die bis heute genutzt werden. Zu sehen sind Kasernen, das Musterungs- und das Modellgebäude, in dem Schiffsmodelle aufbewahrt wurden (heute im Marinemuseum).

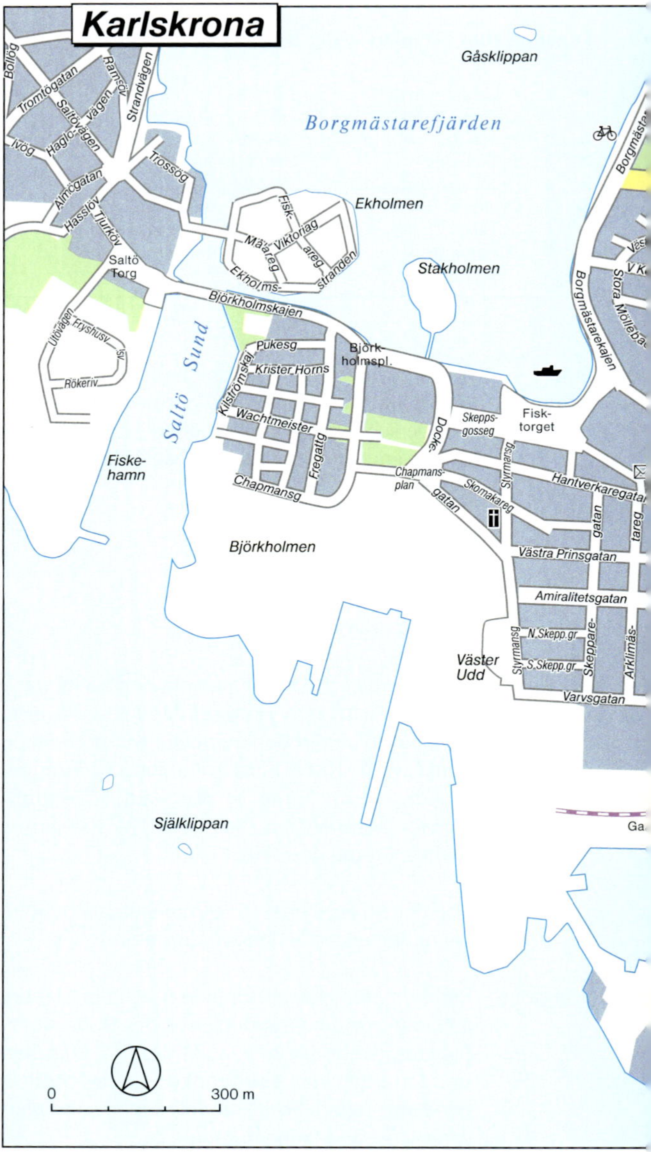
Karlskrona
Gåsklippan
Borgmästarefjärden
Ekholmen
Stakholmen
Saltö Torg
Saltö Sund
Björkholmskajen
Björkholmspl.
Fiskehamn
Björkholmen
Själklippan
Väster Udd
Fisktorget
Skeppsgosseg
Dockegatan
Chapmansplan
Chapmansg
Pukesg
Krister Horns
Kilströmskaj
Wachtmeister
Fregattg
Skomakareg
Styrmansg
Hantverkaregatan
Västra Prinsgatan
Amiralitetsgatan
N.Skepp.gr
S.Skepp.gr
Varvsgatan
Skeppare-
Arklimäs-
Borgmästarekajen
Stora Möllebac
Tromtögatan
Saltövägen
Strandvägen
Trossög
Almögatan
Hasslöv
Tjurköv
Fryshusv
Utövägen
Rökeriv
Fisk-
Viktoriag
Mästareg
stranden
Ekholms-
0
300 m

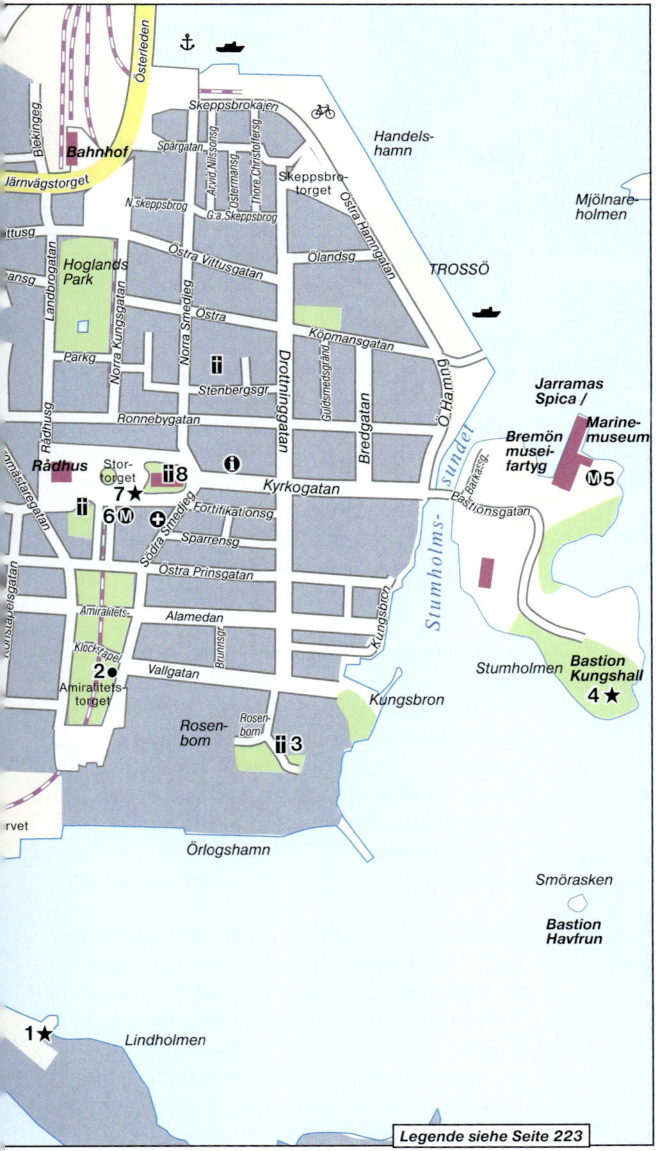
Österleden
Skeppsbrokajen
Handels-
hamn
Blekingeg
Bahnhof
Spärgatan
Arvid Nilssonsg
Östermansg
Thore Christoffersg
Järnvägstorget
Skeppsbro-
torget
Mjölnare-
holmen
N.skeppsbrog
G:a Skeppsbrog
Östra Hamngatan
Ölandsg
TROSSÖ
Östra Vittusgatan
Hoglands
Park
Landbrogatan
Norra Kungsgatan
Norra Smedjeg
Östra
Köpmansgatan
Parkg
Stenbergsgr
Drottninggatan
Guldsmedsgränd
Bredgatan
Ö Hamng
Jarramas
Spica /
Marine-
museum
Ronnebygatan
Rådhusg
Bremön
musei-
fartyg
Rådhus
Stor-
torget
8
7
Kyrkogatan
sundet
Barkassg.
5
Bastionsgatan
6
Södra Smedjeg
Fortifikationsg
Sparrensg
Stumholms-
Östra Prinsgatan
Amiralitets-
Alamedan
Brunnsgr
Kungsbron
Klockstapel
2
Vallgatan
Amiralitets-
torget
Stumholmen
Bastion
Kungshall
4
Kungsbron
Rosen-
bom
Rosen-
bom
3
rvet
Örlogshamn
Smörasken
Bastion
Havfrun
1
Lindholmen
Legende siehe Seite 223

Schweden

0641g Foto: wi, Henrik Reinholdson, www.wikipedia.org

▲ Die Gallionsfigur Rosenbom

Nach links führt der Weg auf die Halbinsel **Lindholmen.** Das Trockendock von 1716 war das erste seiner Art in Schweden. Pumpen gab es damals noch nicht. Das Wasser schöpften 270 Männer mit Ledersäcken aus dem Dock. In der alten Seilerei wurde noch bis 1960 das Tauwerk für alle Schiffe hergestellt. Die 300 m lange „Reeperbahn" kann besichtigt werden.

Ebenfalls direkt am Hafen steht die **Admiralitätskirche.** 1685 eingeweiht, wurde sie von Marineangehörigen genutzt. Sehenswert ist die Silbersammlung, die mit alten Büchern im Silberschrank aufbewahrt wird. Vor der Kirche steht der alte „Rosenbom". Diese in der Tracht der Bootsmänner des 18. Jahrhunderts gekleidete Holzfigur diente früher als Spendenbüchse für die Armen der Stadt.

Schnurgerade zieht sich die Drottninggatan durch die Stadt. Bevor man nach rechts in die Kyrkogatan nach Stumholmen abbiegt, kann noch die empfehlenswerte **Kulenovic Collection** besucht werden. Ausgestellt sind Bilder von *Braque, van Gogh* und *Matisse.*

- Kulenovic Collection, Stortorget 5, geöffnet: Mo.–Sa. 10–18 Uhr, So. 11–18 Uhr, Eintritt: 50 Skr (5,10 €), www.museumldv.com

Von der Kyrkogatan führt eine Brücke hinüber nach **Stumholmen.** Früher war die Insel für Besucher gesperrt, doch heutzutage ist sie zugänglich. Neben der Bastion Kungshall sind das Seuchenhospital, die Torpedowerkstatt und das Gefängnis zu sehen. Interessant ist das **Marinemuseum.** Es beherbergt die Schiffsmodelle, die früher im Modellhaus aufbewahrt wurden. Neben vielen Gal-

Legende zum Cityplan Karlskrona, S. 220

★	1	Trockendocks und Seilerei	★	4	Bastion Kungshall
●	2	Admiralitätspark	Ⓜ	5	Marinemuseum
ⅱ	3	Admiralitätskirche mit dem „Rosenbom"	Ⓜ	6	Kulenovic Collection
			★	7	Rathausplatz
			ⅱ	8	Dreifaltigkeitskirche

lionsfiguren ist in einem Becken ein Wrack unter Wasser zu besichtigen.

- Marinemuseum, geöffnet: tgl. 10–18 Uhr, Eintritt: 85 Skr (8,70 €)

Entlang der Kyrkogatan geht es zum **Rathausplatz** mit dem Rathaus, dem Wasserreservoir und der Dreifaltigkeitskirche. Sie gilt als schönste Kirche in Karlskrona. Vorbild für den Bau war das Pantheon in Rom. Besonders sehenswert sind die schönen Malereien an der Decke.

Die Kungsgatan führt vom Rathausplatz durch den Admiralitätspark zurück zum Hafen.

Für den Rundgang sollten ca. 3 Std. eingeplant werden.

Infos

- **Touristenbüro,** Stortorget 2, 37134 Karlskrona, Tel. +46 (0) 455303490, geöffnet: Mai u. Sept. Mo. u. Mi. 12–17 Uhr, Di./Do./Fr. 9–17 Uhr, Sa. 10–14 Uhr, So. geschl., Juni–Aug. tgl. 9–19 Uhr, E-Mail: Touristbyran@karlskrona.se, www.karlskrona.se

Einkaufen

Die Fußgängerzone Ronnebygatan ist die Haupteinkaufsstraße. In zwei Einkaufszentren kann in 50 Geschäften eingekauft werden.

Wer sich für Kunsthandwerk interessiert, sollte der Ronnebygatan bis zur Borgmästaregatan folgen. Am Kai reihen sich viele kleine Geschäfte mit Kunst und Handwerk aneinander.

Luleå

Kurz und bündig Luleå, mit 73.000 Einwohnern, liegt nur 110 km südlich des Polarkreises. Die heutige Gammelstad (Altstadt) war die ursprüngliche Siedlung. Durch Landhebung konnte der Hafen aber nicht mehr genutzt werden. 1612 wurde das heutige Luleå, 10 km entfernt, gegründet. Die Stadt ist wichtiger Exporthafen und Universitätsstadt.

In die Stadt Vom Svartön-Kai in die Stadt sind es ca. 15 Minuten zu Fuß.

Rundgang Viel ist in der Stadt nicht zu sehen. Am Hafen stehen einige **Magazine** aus dem 19. Jahrhundert, in denen das Theater untergebracht ist. Um ins Zentrum zu gelangen, geht man am besten die Smedjegatan bis zur Storgatan. Hier gibt es zwei Einkaufszentren und den alten **Dom.** In der Storgatan nach rechts befindet sich ziemlich am Ende der Straße das **Norrbottens Museum.** Es beherbergt eine interessante Sammlung zu Leben und Kultur der Sami (Lappen).

- Norrbottens Museum, Storgatan 2, geöffnet: Di.–Fr. 10–16 Uhr, Sa./So. 12–16 Uhr, Eintritt: frei.

Für den Rundgang sollten 1½ Stunden eingeplant werden.

Landpartie Die eigentliche Sehenswürdigkeit ist das Weltkulturerbe **Gammelstad.** Nur 10 km vom heutigen Luleå entfernt liegt die alte Kirchenstadt. In der Mitte des Ortes steht die mittelalterliche Steinkirche. Um sie herum gruppieren sich mehr als 400 kleine Holzhäuser. Kirchgänger, Marktleute und Mitglieder des Gerichts nutzten in früherer Zeit die Häuser, wenn der Rückweg nach Hause am selben Tag zu weit war.

Aus Tradition werden die Kirchhäuser auch heute noch benutzt, z. B. wohnen dann hier die Ju-

0661g Foto: vl, Lena Nilsson

gendlichen, die am Konfirmationsunterricht teilnehmen.

Nach Gammelstad fährt man entweder mit einem Mietwagen oder mit dem Bus Nummer 8 oder 9. Der aktuelle Fahrplan ist im Touristenbüro erhältlich.

▲ Die Storgatan an einem sonnigen Tag

Vom 10. Juni–20. Aug. wird von 10–16 Uhr jeweils zur vollen Stunde eine Führung angeboten, Preis: 30 Skr (3,30 €).

Im **Besucherzentrum** gibt es eine Ausstellung zur Geschichte der Kirchenstadt. In einem Film wird auch die Umgebung von Gammelstad gezeigt, geöffnet: 10. Juni–20. Aug. tgl. 9–18 Uhr, Einritt: 30 Skr (3,10 €).

- Besucherzentrum, Kyrktorget 1, 95433 Gammelstad

Das Besondere

Ebenfalls mit dem Mietwagen ist der **Storfossen** zu erreichen. Die Fahrt geht in nordwestlicher Richtung durch endlose Nadelwälder, bis nach 85 km der Wasserfall erreicht ist. Das Wasser stürzt 82 m in die Tiefe und rauscht dann über Stromschnellen zu Tal.

Für die Fahrt sollten 1½ Stunden pro Strecke eingeplant werden.

Infos

- **Turistbyrå,** Skeppsbrogatan 17, 97232 Luleå, Tel. +46 (0) 920457000, E-Mail: turistbyra@lulea.se, www.lulea.se, geöffnet: tgl. 10–19 Uhr

Autovermietung

- **Bil AB Mullers,** Banvagen 2, Tel. +46 (0) 920248665, Mo.-Fr. 8–18 Uhr, Sa. 10–14 Uhr

Luleå
Kastellgatan
Tjärhovs-
gatan
Fagerlinsvägen
Fredsgatan
Vattu-
gatan
Bryggargatan
NorraStrandgatan
Älvgatan
Repslagargatan
Hälsans hus
Hermelin
parken
Residensgatan
Länsresidens
Stationsgatan
Sandviksgatan
Bergnäsbron
Västra Varvsgatan
Flygvägen
Oscargatan
Josefinevägen
Prinsvägen
Hornsgatan

0
100 m
Norra hamn
Bodenvägen
Richtung Storfossen u. Gammelstad
Namnlösa gatan
B
Skeppsbrogatan
Storgatan
2
Stadshus
Tullgatan
Rådstugatan
Stadsparken
Kyrkogatan
Nygatan
4
Rådhustorget
Köpmangatan
Varvsgatan
Södra Hamnleden
Västra Varvsgatan
Södra hamn
1 Theater und Magazine
2 Rathaus
3 Norrbottens Museum
4 Dom

Malmö

Kurz und bündig

Malmö wurde 1116 zum ersten Mal urkundlich erwähnt. Bis 1657 gehörte die Stadt zu Dänemark. Der künstlich angelegte Hafen wurde 1775 fertiggestellt. Heute leben ca. 251.000 Menschen in der drittgrößten Stadt Schwedens, die mit den vielen alten Häusern immer noch gemütlich wirkt. Seit dem 1. Juli 2000 ist Malmö mit Kopenhagen durch die Öresundbrücke verbunden.

In die Stadt

Vom Hafen sind es nur wenige Schritte bis zum Bahnhof mit dem Touristenbüro.

Rundgang

Vom Bahnhofsplatz geht es über die Petribron und durch die Bruksgatan zur Kirche St. Petri. **Petri kyrka,** im Stil der Backsteingotik erbaut, ist das älteste Gebäude der Stadt. Bei einer Renovierung kamen in der Kapelle die alten Wandmalereien zum Vorschein, die in der Reformationszeit übertüncht worden waren.

▼Im Form/ Design Center

Nach rechts biegt die Kyrkog zum Rathausplatz ab, der vom Rathaus beherrscht wird. Erbaut wur-

de es bereits 1546, aber danach immer wieder umgebaut. Das heutige Aussehen erhielt es 1864. Der Brunnen auf dem Platz diente einst zur Wasserversorgung von Malmö. Das Reiterstandbild zeigt König *Karl X. Gustav.* Einige alte Häuser rahmen den Stortorget ein. Im **Kockska Huset** wohnte einst der Bürgermeister *Kocks,* der den Platz anlegen ließ. Mit dem reich verzierten Treppengiebel ist es eines der schönsten Häuser am Stortorget. In der Nummer 8 werden in der ältesten Apotheke, **Apoteket Lejonet,** noch immer Arzneien verkauft.

Nur durch die schmale Gasse Landbyg vom Stortorget getrennt, liegt der **Lilla Torget.** Der kleine Platz ist einer der beliebtesten Treffpunkte der Stadt. Eingerahmt von alten Fachwerkhäusern sitzen bei schönem Wetter die Besucher in den vielen Cafés oder stöbern an den Verkaufsständen. Die Marktstände, die früher auf dem Platz standen, sind in die **Markthalle** umgezogen. In die Halle zogen auch viele kleine Restaurants, die Genüsse aus aller Herren Länder anbieten.

Immer einen Besuch wert ist das am Platz gelegene **Form/Design Center.** Die besten Designer stellen ihr Können der Öffentlichkeit vor. In dem kleinen Geschäft können die Objekte gekauft werden.

- Form/Design Center, Lilla Torget, geöffnet: Di.–Fr. 11–17 Uhr, Sa./So. 11–16 Uhr, Eintritt: frei

Vom Center nach links, entlang der Larochegatan und Tegelgårdsgatan, geht es zum Schlosspark mit dem **Malmöhus.** Das Malmöhus, erst eine Festung zum Schutz des Öresunds und dann ein Schloss, beherbergt verschiedene Museen. Im Slottsträdsgården werden im Sommer Freiluftkonzerte veranstaltet. Vielleicht die richtige Erholung nach dem Stadtbummel. Sehenswert ist auch die alte Mühle von 1851 mit Müllerhaus und Garten.

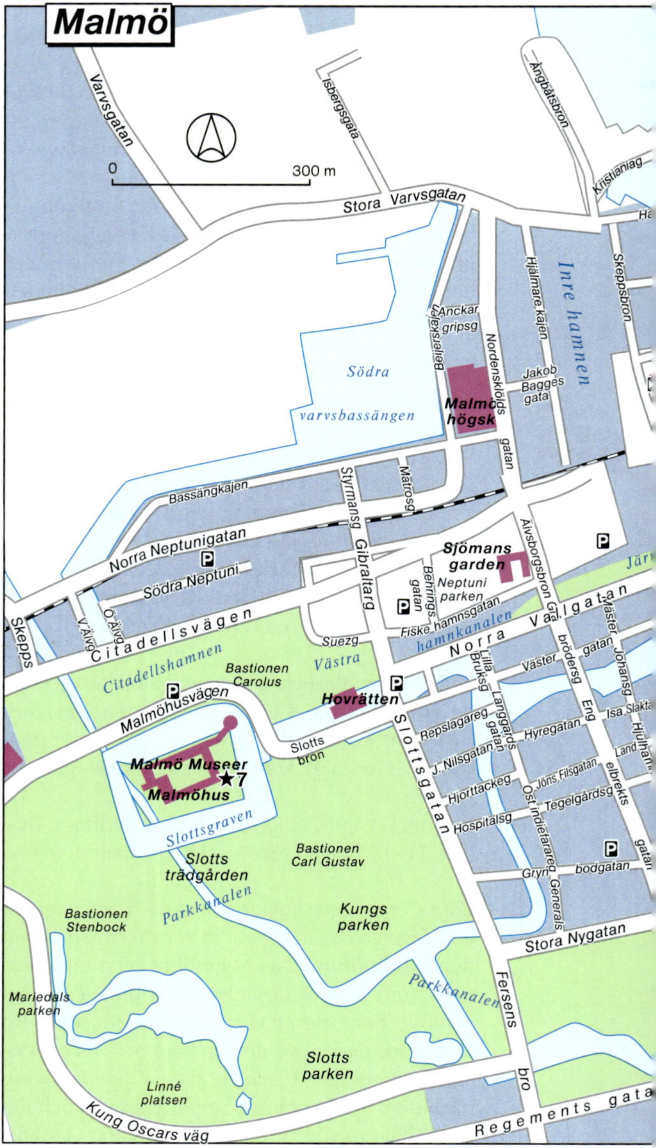
Malmö
0
300 m
Varvsgatan
Isbergsgata
Ångbåtsbron
Kristianiag
Stora Varvsgatan
Inre hamnen
Hjälmare kajen
Skeppsbron
Beijerskajen
Anckar gripsg
Nordenskiölds gatan
Jakob Bagges gata
Södra varvsbassängen
Malmö högsk
Bassängkajen
Styrmansg
Matrosg
Norra Neptunigatan
Södra Neptuni
Gibraltarg
Sjömans garden
Behrings gatan
Neptuni parken
Älvsborgsbron
Skepps
V Älvg
Ö Älvg
Citadellsvägen
Fiske hamnsgatan
Norra Vallgatan
Mäster Johansg
Suezg
hamnkanalen
Lilla Bruksg
Väster
bröders
gatan
Citadellshamnen
Bastionen Carolus
Västra
Malmöhusvägen
Hovrätten
Slottsgatan
Repslagareg
Langgårds gatan
Eng
elbrekts
gatan
Isa Slakta
Hyregatan
Slotts bron
Malmö Museer
★7
Malmöhus
J. Nilsgatan
Jöns Filsgatan
Hjorttackeg
Ost indiefarareg
Tegelgårdsg
Slottsgraven
Hospitalsg
Slotts trädgården
Bastionen Carl Gustav
Gryn
bodgatan
Generals
Bastionen Stenbock
Parkkanalen
Kungs parken
Stora Nygatan
Mariedals parken
Fersens bro
Slotts parken
Linné platsen
Kung Oscars väg
Regements gata

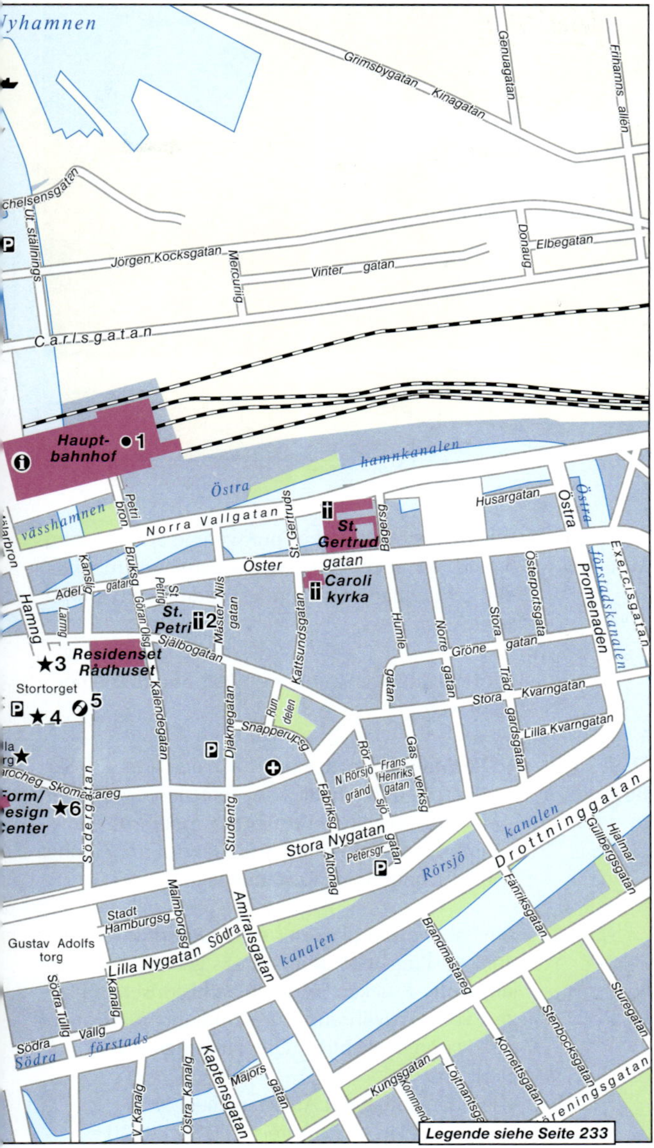

yhamnen
Grimsbygatan
Kinagatan
Genuagatan
Frihamns allén
chelsensgatan
Ut ställnings
Jörgen Kocksgatan
Mercuriig
Vinter gatan
Donaug
Elbegatan
Carlsgatan
Haupt-bahnhof
1
hamnkanalen
Östra
vässhamnen
Petri bron
Norra Vallgatan
St. Gertruds
St. Gertrud
Bagersg
Husargatan
Östra
Östra
Östergatan
Caroli kyrka
Östra förstadskanalen
Exercisgatan
Österportsgata
Promenaden
Kansjg
Bruksg
Adelg
gatan
Hamng
Larmg
Göran Olsg
St Petrig
St. Petri
2
Mäster Nils gatan
Kattsundsgatan
Humle gatan
Norra gatan
Stora Trädgardsgatan
Gröne gatan
Själbogatan
Residenset
Rådhuset
3
Stortorget
4
5
Kalendegatan
Djäknegatan
Rundelen
Snapperupsg
Stora Kvarngatan
Lilla Kvarngatan
Rör sjö
Gas verksg
N Rörsjö gränd
Frans Henriks gatan
Fabriksg
Skomakareg
Form/Design Center
6
Södergatan
Studentg
Stora Nygatan
Altonag
Petersgr
kanalen
Drottninggatan
Gullbergsgatan
Hjalmar
Rörsjö
Fänriksgatan
Malmborgsg
Amiralsgatan
Stadt Hamburgsg
Gustav Adolfs torg
Lilla Nygatan
Södra
kanalen
Brandmästareg
Södra Tullg
Kanalg
Vallg
förstads
Södra
Stenbocksgatan
Kornettsgatan
Sturegatan
Kungsgatan
Kommend
Löjtnantsg
Majors gatan
Kaptensgatan
Östra Kanalg
V. Kanalg
Föreningsgatan
Legende siehe Seite 233

067lg Foto: ibs, www.imagebank.sweden.se, © Alex Brandell/ Malmö Turism

▲ Schloss Malmöhus

Vom Malmöhus sind es nur wenige Schritte zum Strand. Wer nicht ins kühle Nass springen möchte, der geht entlang der Citadellvägen zum Bahnhof zurück.

Für den Rundgang sollten 2½–3 Stunden eingeplant werden.

Das Besondere

- Die **Malmö Card,** Preis für einen Tag 130 Skr (13,40 €) und erhältlich im Touristenbüro, bietet viele Vorteile: freie Busfahrten, freier Museumseintritt, kostenlose Stadtrundfahrt, Ermäßigung in Geschäften und Restaurants.

Am Bahnhofsvorplatz starten die **Rundfahrten** mit dem Ausflugsboot „Rundan“. Es geht 50 Minuten lang unter Brücken hindurch an historischen Plätzen vorbei. Während der Rundfahrt wird auch der Hafen besichtigt. Die Führungen sind auf Deutsch.

- Rundan Kanalfahrt AB, Krankajen 24, www.rundan.se, Fahrpreis: 100 Skr (10,30 €)

Legende zum Cityplan Malmö, S. 230

●	1	Hauptbahnhof	✪	5	Apoteket Lejonet
⛪	2	Petri kyrka	★	6	Form/Design Center
★	3	Rathausplatz	★	7	Schlosspark mit Malmöhus
★	4	Kockska Huset			

Infos

- **Malmö Turistbyrå,** Centralstationen (Bahnhof), 21120 Malmö, Tel. +46 (0) 40341200, E-Mail: malmo.turism@malmo.se, www.malmo.se, in der Hauptsaison geöffnet: Juni–Aug. Mo.–Fr. 9–19 Uhr, Sa./So. 10–16 Uhr

Veranstaltungen

Vom 17. bis 24. August findet das **Malmö Festival** statt. Die ganze Stadt ist dann eine einzige Party mit Musik unter freiem Himmel und Hunderten von Imbiss-Ständen.

Stockholm

Etwa zwei Stunden bevor das Schiff den Hafen erreicht, geht die Fahrt durch die wunderschöne Schärenwelt. Nicht versäumen!

Kurz und bündig

Stockholm wird 1252 zum ersten Mal in den Chroniken erwähnt. Die Stadt liegt am Ausfluss des Mälarsees, der hier in die Ostsee mündet. Seit 1634 ist Stockholm die Hauptstadt Schwedens. Die Stadt ist auf 14 Inseln gebaut, die durch 53 Brücken verbunden sind. Mit ca. 781.000 Einwohnern ist Stockholm die größte Stadt Schwedens.

In die Stadt

Vom Liegeplatz bis zur Altstadt Gamla Stan ist es knapp 1 km.

Rundgang

Der Stadtrundgang führt vom Liegeplatz zur Altstadt. Man folgt einfach der Straße bis zur Brücke hinüber nach **Gamla Stan.** Nach einer kurzen Wegstrecke auf der breiten Skeppsbron zweigen

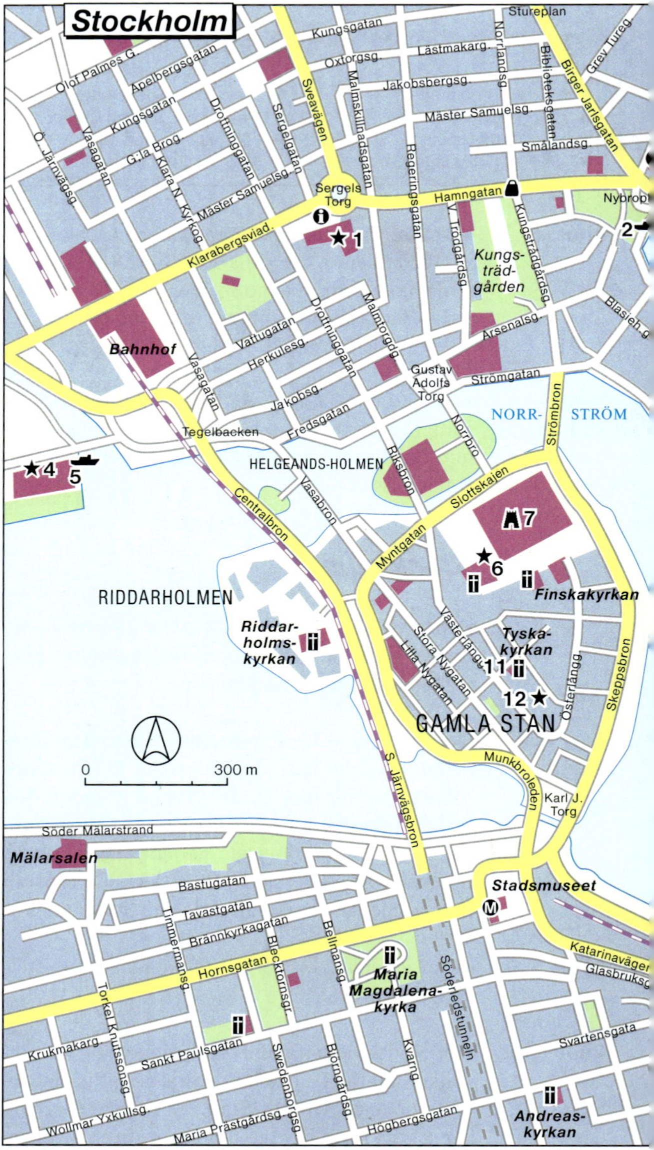
Stockholm
Sturepian
Kungsgatan
Lästmakarg.
Oxtorgsg.
Jakobsbergsg.
Mäster Samuelsg.
Smålandsg.
Norrlandsg.
Biblioteksgatan
Birger Jarlsgatan
Grev Tureg.
Olof Palmes G.
Apelbergsgatan
Kungsgatan
Vasagatan
G:la Brog.
Klara N. Kyrkog.
Drottninggatan
Sergelgatan
Sveavägen
Malmskillnadsgatan
Regeringsgatan
Ö. Järnvägsg.
Mäster Samuelsg.
Sergels Torg
Hamngatan
Nybropl
Klarabergsviad.
V. Trädgårdsg.
Kungsträdgården
Kungsträdgårdsg.
Blasieh.g
Vattugatan
Herkulesg.
Drottninggatan
Malmtorgsg.
Arsenalsg.
Bahnhof
Vasagatan
Gustav Adolfs Torg
Strömgatan
Jakobsg.
Fredsgatan
NORR- STRÖM
Strömbron
Tegelbacken
Norrbro
HELGEANDS-HOLMEN
Riksbron
Slottskajen
Vasabron
Centralbron
Myntgatan
Finskakyrkan
RIDDARHOLMEN
Riddarholmskyrkan
Västerlång.
Stora Nygatan
Lilla Nygatan
Tyskakyrkan
Österlång.
Skeppsbron
GAMLA STAN
0
300 m
Munkbroleden
Karl J. Torg
S. Järnvägsbron
Söder Mälarstrand
Mälarsalen
Stadsmuseet
Bastugatan
Tavastgatan
Brännkyrkagatan
Timmermansg.
Bellmansg.
Blecktornsgr.
Hornsgatan
Katarinavägen
Glasbruksg.
Torkel Knutssonsg.
Maria Magdalenakyrka
Södertunneln
Krukmakarg.
Sankt Paulsgatan
Swedenborgsg.
Björngårdsg.
Kvarng.
Svartensgata
Wollmar Yxkullsg.
Maria Prästgårdsg.
Högbergsgatan
Andreaskyrkan

Legende siehe Seite 237

Schweden

nach rechts kleine, kopfsteingepflasterte Gassen ab. Ein Bummel, vorbei an den restaurierten Häusern, ist wie ein Spaziergang durchs Mittelalter. Die Österlånggatan durchzieht Gamla Stan von Nord nach Süd. Der Weg geht hier entlang bis zur Svartmangatan mit der deutschen Kirche **St. Gertrud.** In der Tyska Kyrkan (deutsche Kirche) sind der vergoldete Altar und die 2004 eingeweihte Orgel besonders sehenswert.

- Tyska Kyrkan, Svartmangatan 16a, jeden Sonntag um 11 Uhr wird ein deutscher Gottesdienst gehalten, in der Hauptsaison geöffnet: Di./Do./Fr. 9.30–11.30 u. 13–15 Uhr, Mi. 9–12 Uhr

Die Svartmangatan entlang, ist der nächste Besichtigungspunkt der **Stortorget.** Der Platz ist das Herz der Altstadt. Die Häuser, die den Stortorget einrahmen, stammen aus dem 17. und 18. Jahrhundert. Das Haus der Börse gilt als eines der schönsten. Der Platz hat auch eine blutige Vergangenheit, das Stockholmer Blutbad. Der dänische König *Christian II.* ließ hier im Jahr 1520 zur Festigung seiner Herrschaft 82 schwedische Adelige

▼ Mittelalterlich anmutende Altstadtgassen

070lg Foto: ibs, www.imagebank.sweden.se © Richard Ryan/Stockholm Visitors Board

Legende zum Cityplan Stockholm, S. 234

★	1	Kulturhuset
⛴	2	Abfahrt nach Djurgården
Ⓜ	3	Historiska museet
★	4	Stadshuset
⛴	5	Abfahrt nach Schloss Drottningholm
★	6	Stortorget
♜	7	Kungliga Slottet (Schloss)
Ⓜ	8	Nationalmuseum
Ⓜ	9	Vasamuseum
Ⓜ	10	Skansen
⛪	11	Deutsche Kirche St. Gertrud
★	12	Altstadt (Gamla Stan)
★	13	Gröna Lund
⛴	14	Liegeplatz

ermorden. Mit vielen Cafés, Restaurants und kleinen Geschäften geht es heute an dem Platz wieder friedlich zu.

Nur einen Steinwurf weiter ändert sich das Gesicht der Altstadt. Ging es bisher mittelalterlich zu, wird es mit dem Schloss königlich. An der Stelle des **Kungliga Slottet** stand einst die alte Vasa Burg, die 1697 abbrannte. Seit der Verlegung des Wohnsitzes der königlichen Familie nach Drottningholm ist das Schloss nur noch der Arbeitsplatz des Königs. Trotzdem können einige Prunkgemächer, der Reichssaal, die Schatzkammer und das Antikenmuseum besichtigt werden. Zum Schloss gehört der Dom, in dem die schwedischen Könige gekrönt werden.

- Kungliga Slottet, Slottsbacken 1, geöffnet: tgl. 10–17 Uhr, Eintritt: 100 Skr (10,30 €), Führungen (englisch): tgl. um 12, 14 und 15 Uhr, Dauer: ca. 45 Min.

Auf keinen Fall sollte die Wachablösung um 12 Uhr versäumt werden.

Wer nach der Altstadtbesichtigung nicht gleich das geschäftige Treiben in der City erleben möchte, besucht vorher das **Stadshuset.** Nach Überquerung der Norrbro führt der Weg entlang der Stromgatan zum Stadshuset. Es gilt als das schönste Gebäude Stockholms und ist auch der Ort der Nobelpreisverleihung. Sehenswert sind die „Blaue Halle" und der „Goldene Saal" mit den Mosaiken. Vom Turm (Fahrstuhl bis zur halben Höhe) geht der Blick weit über die Stadt.

- Stadshuset, Besichtigung nur im Rahmen einer Führung (deutsch): Juni 10 und 12 Uhr, Juli–Sep. 10, 12 und 14 Uhr, Eintritt: 80 Skr (8,20 €)

Von der Norrbro führt der Weg geradeaus nach **Norrmalm,** der eigentlichen City. Das Stadtbild prägen Ministerien und Banken. Die alten Häuser wurden in den 1950er Jahren abgerissen und durch neue, dem damaligen Zeitgeschmack entsprechende, ersetzt. Das Ergebnis war so erschreckend, dass sich die Bewohner der Gamla Stan, wo man Ähnliches vorhatte, vehement gegen einen Umbau wehrten. Vom **Gustav Adolfs Torg** zweigt nach links die Fredsgatan ab. Sie mündet in die **Drottinggatan,** eine der großen Einkaufsstraßen. Folgt man ihr bis zur Klaraberggatan nach rechts, läuft man geradewegs auf den Sergels Torg mit der Fontäne zu. Vom Restaurant im Kulturhuset kann dem Treiben auf dem Platz zugesehen werden. Die vom **Sergels Torg** abgehende Hamngatan führt zum Strömkajen, der Anlegestelle für die Fähren nach Djurgården.

Auf der Insel Djurgården steht eines der interessantesten Museen Stockholms, das **Vasamuseum.** Das Kriegsschiff, die **Vasa,** sank gleich beim Stapellauf 1628. Nachdem es 1956 in 32 m Tiefe gefunden wurde, begann man 1959 mit der Bergung. Es ist das einzige vollständig erhaltene Schiff dieser Art. Neben dem Schiff sind noch weitere Funde wie Gebrauchsgegenstände, Münzen und Schiffsverzierungen ausgestellt.

- Vasamuseum, Gälarvarvsvägen 14, www.vasamuseet.se, geöffnet: tgl. 8.30–

0731g Foto: ib

▲ Das Kriegsschiff Vasa im Vasamuseum

18 Uhr, Führungen auf Deutsch: 9.30, 11.30, 13.30 und 15.30 Uhr, Eintritt: 110 Skr (11,30 €)

Für den Rundgang sollten 4–5 Stunden eingeplant werden.

Von Djurgården gibt es eine Fähre nach Stadsholmen (Altstadt), von wo es nicht mehr weit zurück zum Schiff ist.

Landpartie Neben dem Stadshuset, an der Abfahrtsstelle Stadskajen, fahren die Schiffe nach **Schloss Drottningholm** ab. Das Sommerschloss, heute Wohnsitz der königlichen Familie, ließ Königin *Eleonore* im Jahr 1662 nach französischem und holländischem Vorbild bauen. Eine Parkanlage mit Terrassen und Alleen umgibt den Park. Die Bronzeskulpturen sind Kriegsbeute aus Dänemark und Böhmen. Das später hinzugefügte Theater wird noch heute für Aufführungen genutzt. Die alten Kostüme können im Theatermuseum besichtigt werden. Königin *Luise Ulrike,* Schwester *Friedrichs des Großen,* ließ das chinesische Lustschloss bauen.

- Schloss Drottningholm. Das Schloss liegt etwa 12 km vom Stadtzentrum entfernt. Die Fahrt dauert ca. 45 Minuten pro Strecke. Drottningholm ist nur teilweise zugänglich. Führungen durch Schloss und Park: Mai–Aug. tgl. 10–16.30 Uhr, Sep. tgl. 11–15.30 Uhr, Eintritt: 80 Skr (8,20 €). Ab 10 Uhr fährt ein Schiff stündlich zum Schloss. Fahrpreis: 160 Skr (16,50 €) für die Hin- und Rückfahrt.

Das Besondere

- **Stockholm Card.** Die Karte ist im Tourist Center erhältlich und kostet für 24 Stunden 395 Skr. (40,60 €). Die Karte kann im Internet unter Stockholmkarte: www.stockholmtown.com im Voraus bestellt werden. Mit der Karte hat man freie Fahrt in Bussen und U-Bahn, freien Eintritt zu mehr als 75 Museen und Sehenswürdigkeiten, freie Fahrt mit einigen Ausflugsbooten, 10 % Rabatt auf den Fahrpreis für die Schiffe nach Drottningholm.

Touren

Sollte die Zeit für einen Stadtrundgang zu kurz sein, können die Sehenswürdigkeiten der Stadt auch vom Bus aus, mit deutscher Erklärung, besichtigt werden. Die Busse fahren am Gustaf Adolfs Torg ab 10 Uhr halbstündlich ab, Fahrpreis: 220 Skr (22,60 €).

Es ist immer interessant, eine Stadt vom Wasser aus zu erleben. In Stockholm wird eine Tour angeboten, die neben den Sehenswürdigkeiten der Stadt auch noch einen **Abstecher an den Mälarsee** bietet. Die Abfahrt ist tgl. stündlich von 10 bis 15 Uhr, Fahrpreis: 190 Skr (19,50 €). Abfahrt am Strömkajen, auf der dem Schloss gegenüberliegenden Seite des Hafens. Fahrkarten gibt es am Kai. Dauer: 2,5 Stunden.

- Beide Touren werden von der **Reederei Strömma** angeboten. Strömma Turism & Sjöfart AB, Svensksundsvägen 17, 11130 Stockholm, Tel +46 (0) 812004000, bokning@stromma.se,

www.strommakanalbolaget.com,
www.citysightseeing.com.

Infos

- **Stockholm Tourist Centre,** Hamngatan 27, 10327 Stockholm, Tel. +46 (0) 850828508, E-Mail: info@svb.stockholm.de, www.stockholmtown.com, geöffnet: Mo.–Fr. 9–19 Uhr, Sa. 10–17 Uhr, So. 10–16 Uhr

Einkaufen

Wer in den Geschäften der Gamla Stan nicht das Passende gefunden hat, kann es im Stadtteil Norrmalm in den Kaufhäusern und Boutiquen versuchen. Auch der angrenzende Stadtteil Östermalm ist ein Einkaufsparadies. Am Wasser, in der Strandvägen, sind die Geschäfte auf Inneneinrichtung und Dekoration spezialisiert.

Sundsvall

Kurz und bündig

Sundsvall in Mittelschweden ist eine wichtige Handels- und Hafenstadt für die Holz- und Papierindustrie. 1621 erhielt der Ort von König *Gustav Adolf* das Stadtrecht. Mehrere große Brände verwüsteten die Stadt, da die meisten Häuser aus Holz waren. Nach dem letzten Brand 1888, der die Stadt fast völlig vernichtete, durften in der Innenstadt nur noch Häuser aus Stein errichtet werden. Bei den Einwohnern erhielt Sundsvall den Beinamen „Stenstaden" – Steinstadt.

In die Stadt

Der Industriehafen liegt ca. 10 km außerhalb der Stadt. Ob Shuttle-Busse in die Innenstadt eingesetzt werden, entscheidet sich erst an Bord. Fragen Sie bitte an der Rezeption Ihres Schiffes. Falls dies nicht der Fall sein sollte, bleibt nur das Taxi.

Rundgang

Der Rundgang startet am **Stora Torget,** dem Treffpunkt mitten in der Stadt. Die Bronzestatue des Königs *Gustav Adolf II.* schaut dem geschäftigen Treiben zu. Das Rathaus, nach dem Brand wieder

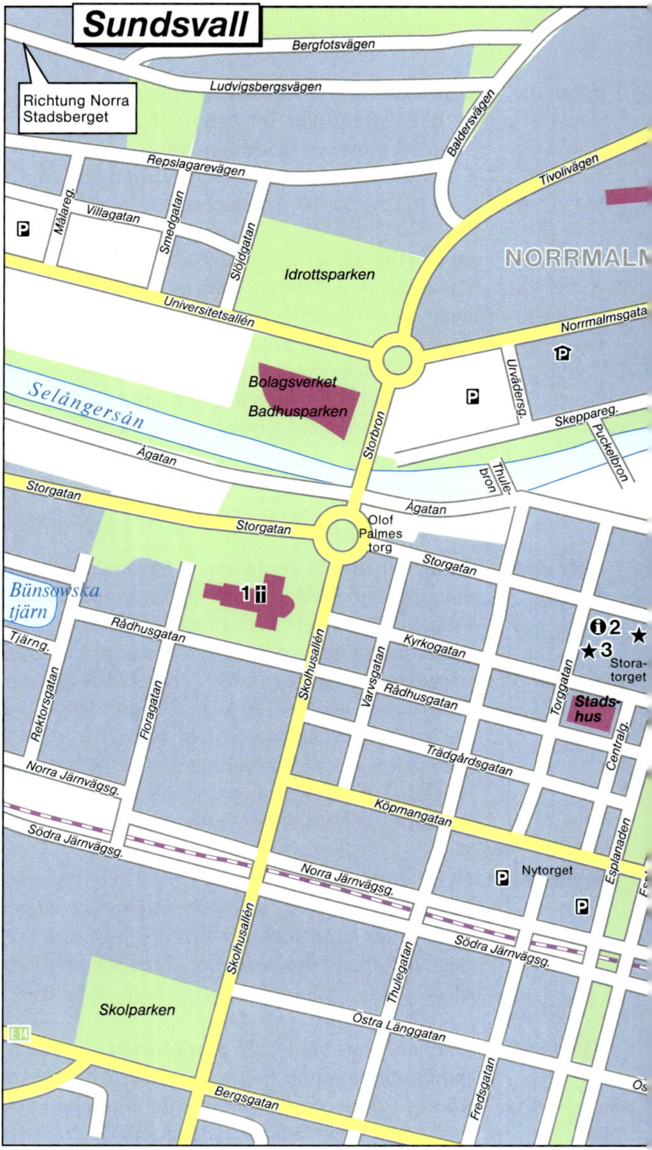
Sundsvall
Bergfotsvägen
Ludvigsbergsvägen
Richtung Norra Stadsberget
Baldersvägen
Repslagarevägen
Tivolivägen
Målareg.
Villagatan
Smedgatan
Slöjdgatan
Idrottsparken
NORRMALM
Universitetsallén
Norrmalmsgata
Bolagsverket
Badhusparken
Selångersån
Urvädersg.
Skeppareg.
Puckelbron
Storbron
Ågatan
Thule-bron
Storgatan
Storgatan
Ågatan
Olof Palmes torg
Storgatan
Bünsowska tjärn
1
Rådhusgatan
Tjärng.
Kyrkogatan
2
3
Stora-torget
Skolhusallén
Varvsgatan
Rådhusgatan
Torggatan
Stads-hus
Rektorsgatan
Floragatan
Trädgårdsgatan
Centralg.
Norra Järnvägsg.
Köpmangatan
Södra Järnvägsg.
Esplanaden
Nytorget
Norra Järnvägsg.
Södra Järnvägsg.
Skolhusallén
Thulegatan
Skolparken
E 14
Östra Långgatan
Fredsgatan
Bergsgatan

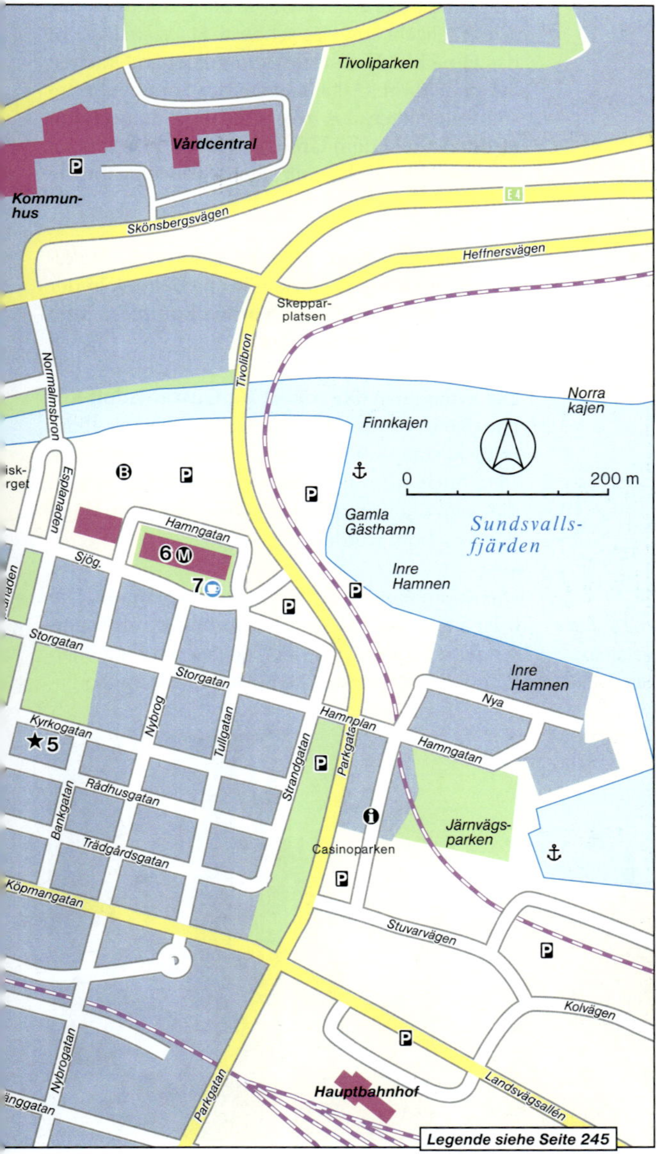
Tivoliparken
Vårdcentral
Kommun-
hus
Skönsbergsvägen
E4
Heffnersvägen
Skeppar-
platsen
Tivolibron
Normalmsbron
Norra
kajen
Finnkajen
0
200 m
Esplanaden
Hamngatan
Sjög.
6
7
Gamla
Gästhamn
Sundsvalls-
fjärden
Inre
Hamnen
Storgatan
Storgatan
Inre
Hamnen
Nya
Hamnplan
Nybrog
Tullgatan
Kyrkogatan
5
Hamngatan
Strandgatan
Parkgata
Rådhusgatan
Bankgatan
Järnvägs-
parken
Trädgårdsgatan
Casinoparken
Köpmangatan
Stuvarvägen
Kolvägen
Nybrogatan
Parkgatan
Hauptbahnhof
Landsvägsallén
Legende siehe Seite 245

aufgebaut, sieht neben den Bürgerhäusern fast schon schlicht aus. Das schönste Haus am Platz ist das **Hirschka Huset** mit dem goldenen Drachen auf dem Turm. Das Haus mit der Sonnenuhr besteht eigentlich aus zwei Häusern, dem **Holmströmska** und dem **Granska Huset.** In den Häusern befindet sich heute Sundsvalls eleganteste Einkaufspassage.

Vom Stora Torget geht der Weg durch die Kyrkogatan zum **Vängån Park.** Gleich dahinter, in der Kyrkogatan 15, steht der **Nordea Komplex,** 1886 für eine Bank errichtet.

Die Kyrkogatan führt direkt zur **Gustav-Adolf-Kirche.** Sie ist die größte im neugotischen Stil erbaute protestantische Kirche der Stadt. Gegenüber steht noch die 1886 erbaute **Hedbergska** Schule, die beim Brand im Jahre 1888 wie durch ein Wunder verschont wurde.

Die Köpmangatan führt links zur **Esplanade.** Die breit angelegte Straße war ursprünglich als Feuerschneise geplant. Unter den Schatten spendenden Bäumen spaziert man gemütlich Richtung Storga-

▼ Die Storgatan in Sundsvall

076lg Foto: wi, Asa Grip, www.wikipedia.org

Legende zum Cityplan Sundsvall, S. 242

⛪	1	Gustav-Adolf-Kirche	★	4	Hirschka Huset
ℹ	2	Touristeninformation	★	5	Nordea Komplex
★	3	Statue König Gustav Adolf II.	Ⓜ	6	Kulturmagasinet
			☕	7	Café Tinell

tan und Sjögatan. Im **Café Tinell,** Sjögatan 7, gibt es frisches Hefegebäck.

In der gleichen Straße ist das **Kulturmagasinet.** Vier ehemalige Lagerhäuser wurden zum Kulturzentrum umgestaltet. Sie beherbergen u. a. das Sundsvall Museum mit Ausstellungen zur Stadtgeschichte.

- Kulturmagasinet, Sjögatan, geöffnet: Mo.–Do. 10–19 Uhr, Fr. 10–18 Uhr, Sa./So. 11–16 Uhr

Für den Rundgang sollten ca. 2 Stunden eingeplant werden.

Landpartie

Die Tour führt auf den **Norra Stadsberget,** den Hausberg der Stadt. Auf Norra Berget befindet sich ein Freilichtmuseum mit Häusern aus Mittelschweden und das Handwerks- und Schifffahrtsmuseum. Vom Aussichtsturm geht der Blick über die Stadt und die vorgelagerte Insel Alnö.

- Der 2 km lange Fußweg zum Norra Stadsberget ist vom Zentrum ausgeschildert. Eintritt: frei. (2,70 €). Geöffnet: ganzjährig, tgl. 11–17 Uhr.

Für den Ausflug, inkl. der Besichtigungen, sollten 3 Stunden eingeplant werden.

Das Besondere

Sollte der richtige Wind wehen, bietet **Ballongflyg** Sundsvall ganz neue Ansichten aus der Vogelperspektive an.

- Ballongflyg, Lexbydalvägen 16, Tel. +46 (0) 705834757, Preis: 1890 Skr (195 €) für die erste, 1650 Skr (170 €) für jede weitere Person.

Wer dem Goldrausch verfallen möchte, kann im **Goldsucher-Camp** die Pfanne schwenken. Die Ausrüstung wird gestellt.

- Goldsucher-Camp Norafors, 25 km von Sundsvall entfernt, Eintritt: 190 Skr (19,50 €)

Von 13–3 Uhr kann im **Casino** die Urlaubskasse aufgefüllt werden.

- Casino Cosmopol, Casinoparken 1 (nahe Stadthafen), Einritt: 30 Skr (3,10 €)

Infos

- **Sundsvall Tourismus,** Stora Torget, 85230 Sundsvall, Tel. +46 (0) 60610450, E-Mail: info@sundsvallturism.com, www.sundsvallturism.com, www.sundsvall.se, geöffnet: Mo.–Fr. 10–18 Uhr, Sa. 10–14 Uhr

Autovermietung

- **Europcar,** Gesällvägen 12, Sundsvall, Tel. +46 (0) 60123310, geöffnet: Mo.–Fr. 7–17 Uhr

Einkaufen

- **Magasin Åtta,** Nybrogatan 8, geöffnet: Mo.–Fr. 10–18 Uhr, Sa. 10–15 Uhr, Kunsthandwerk, Textilien und Bildergalerie mit wechselnden Ausstellungen
- **In,** Storgatan 26–40. In der Einkaufspassage kann in 80 Geschäften nach dem richtigen Reiseandenken gesucht werden.

Ystad

Kurz und bündig

Ystad liegt an Schwedens Südküste in der Landschaft Schonen. Die ersten Siedler waren Heringsfischer, die an der Mündung des Vassaflusses ihrem Handwerk nachgingen. 1244 taucht Ystad zum ersten Mal in den Urkunden auf. Mit der Ostseeblockade *Napoleons* wurden die Ystader reich, verdienten sie doch mit Schmuggel ein Vermögen. Ein zweiter Aufschwung kam mit den Fährverbindungen nach Bornholm und Swinemünde. Durch die Kriminalromane *Henning Mankells* mit

0771g Foto: wi, www.wikipedia.org

▶ Beschaulich: Bahnhof in Ystad

dem Kommissar Wallander wurde die Stadt in Deutschland bekannt.

In die Stadt Vom Liegeplatz in die Stadt sind es nur 350 m.

Landpartie Ystad hat Schwedens schönste mittelalterliche Fachwerkhäuser. Seit 1700 hat sich in der Stadt so wenig verändert, dass man sich auch mit einem uralten Stadtplan nicht verlaufen kann. Der Rundgang beginnt an der Touristeninfo am St. Knuts torg. Von dort geht es über die kleine Olofsgränd und Tullgatan Richtung Theater. Das Haus mit den Blumenrabatten gilt als Schwedens besterhaltenstes Theater aus dem 19. Jahrhundert. Die hinter dem Theater aufgestellten Kanonen verteidigten einst den Hafen.

Der Weg führt durch die Skangränd zur Langgatan mit der alten **Malzfabrik.** Dieser Handelshof stammt aus dem Jahr 1749. Geradeaus liegt der Mattorget. Hier befand sich früher die Stadtgrenze. Die **St. Marienkirche** ist das älteste Bauwerk von Ystad. Der Turmbläser folgt noch einer alten Tradition. Ab 21.15 Uhr verkündet er die ganze Nacht hindurch viertelstündlich mit seinem Horn, dass der Stadt keine Gefahr droht.

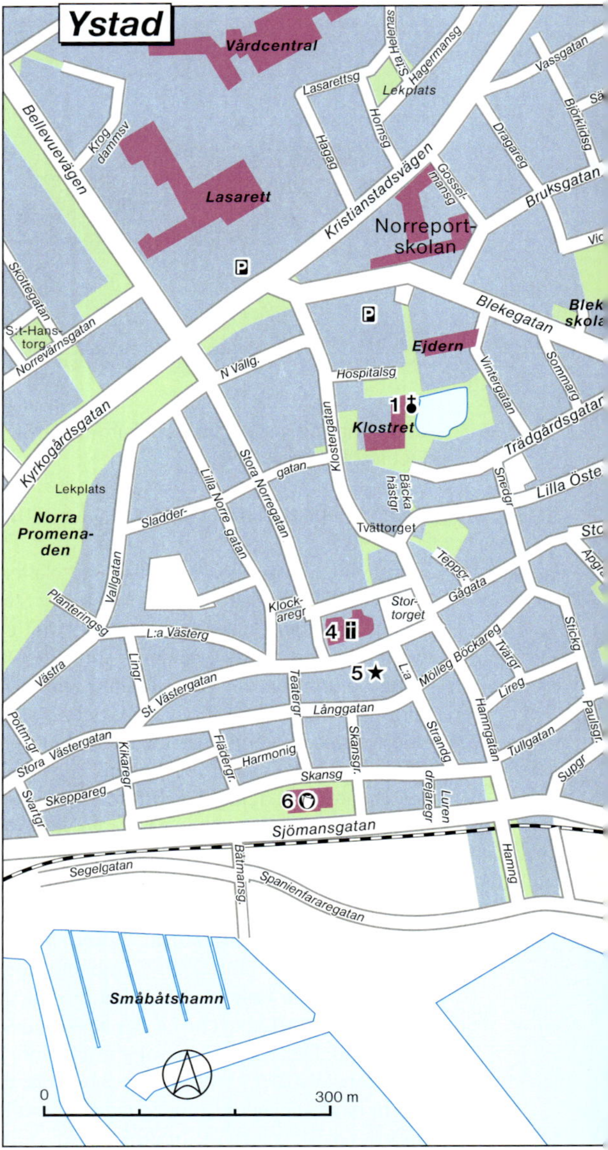
Ystad
Vårdcentral
Lasarett
Lasarettsg
S:ta Helenas
Hagermansg
Lekplats
Vassgatan
Björklidsg
Hornsg
Hagag
Bellevuevägen
Krog dammsv
Kristianstadsvägen
Gossel-mansg
Dragareg
Bruksgatan
Norreport-skolan
Blekegatan
Ejdern
Hospitalsg
Skottegatan
S:t-Hans-torg
Norrevärnsgatan
N Vallg.
Vintergatan
Sommarg
1
Klostret
Klostergatan
Trädgårdsgatan
Kyrkogårdsgatan
Lekplats
Norra Promena-den
Stora Norregatan
Lilla Norre gatan
gatan
Sladder-
Bäcka hästgr
Snedgr
Lilla Öste
Tvättorget
Teppgr.
Gågata
Vallgatan
Planteringsg
Klock-aregr
Stor-torget
4
L:a Västerg
Lingr
Västra
5
L:a
Mölleg
Böckareg
Tvärgr
Stickg
St. Västergatan
Teatergr
Långgatan
Lireg
Hamngatan
Paulsgr.
Pottm:gr
Stora Västergatan
Kikaregr
Flädergr.
Harmonig
Skansgr.
Strandg
Tullgatan
Supgr
Skansg
Svartgr
Skeppareg
6
drejaregr
Luren
Sjömansgatan
Båtmansg.
Segelgatan
Hamng
Spanienfararegatan
Småbåtshamn
0
300 m

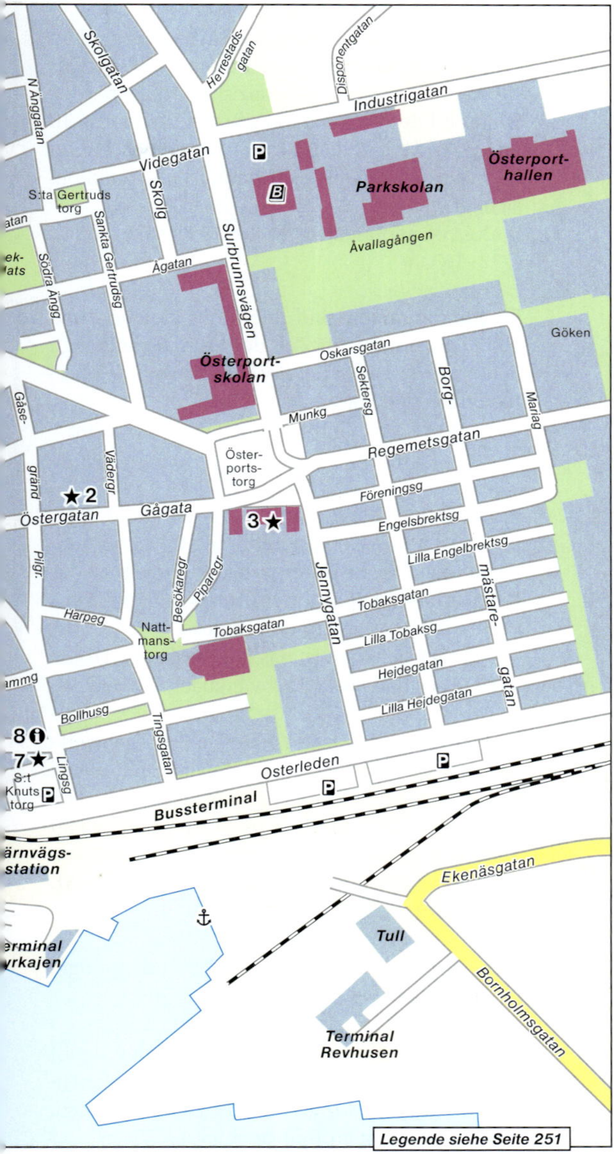

Legende siehe Seite 251

Schweden

Von St. Marien folgt man nach links der Klostergränd zur wichtigsten Sehenswürdigkeit, dem **Franziskanerkloster** und der Kirche St. Petri. Das Kloster wurde 1267 von Franziskanern gegründet. Während der Reformation wurden sie aber 1530 aus Ystad verjagt. Das Kloster wurde beschädigt und verfiel. Heute ist es restauriert und kann besichtigt werden.

- Klostret, geöffnet: Di.–Fr. 10–17 Uhr, Sa./So. 12–16 Uhr

Im **Klostergarten** sind Beete mit Gewürz- und Heilpflanzen wie zur Zeit der Mönche angelegt. Sehenswert ist auch der Rosengarten mit vielen alten und neuen Sorten.

- Rosarium, ganzjährig geöffnet wie das Kloster (s. o.)

Vom Kloster geht es zum Tvättorget und der gepflasterten Gasse Teppgränd. Sie führt zur Fußgängerzone **Stora Östergard.** Sehenswert ist das **Brigittahuset** mit schönem Treppengiebel. Einst war es Teil des Bürgermeisterhofes.

Der nächste Stopp ist das **Pilgrändhaus.** Erbaut 1480, ist es das älteste Fachwerkhaus Schwedens.

Im ganzen Viertel stehen ungefähr 300 Fachwerkhäuser, jedes mit eigener Geschichte. Ein Bummel durch die Gassen der Altstadt mit ihren alten Häusern lohnt sich. Von der Stora Östergard zweigt nach links die Besökaregränd ab und daran anschließend führt die Tobakgatan wieder zum **St. Knuts torg.**

Für den Rundgang sollten ca. 2 Stunden eingeplant werden.

Das Besondere

- **„Auf den Spuren von Kurt Wallander“** heißt das kostenlose Faltblatt, mit dem die Schauplätze der Mankell-Krimis besucht werden können. Das Faltblatt ist im Touristenbüro erhältlich.

Legende zum Cityplan Ystad, S. 248

✝	1	Kloster mit Rosengarten		4	St. Marienkirche
★	2	Fußgängerzone mit Brigittahuset und Pilgrändhaus	★	5	alte Malzfabrik
				6	Theater
			★	7	St. Knuts torg
★	3	Rathaus		8	Touristeninformation

Infos

- **Touristenbüro Ystad,** St. Knuts torg, 27142 Ystad, Tel. +46 (0) 411577681, E-Mail: turistinfo@ystad.se, www.ystad.se, geöffnet: Mo.–Fr. 9–17 Uhr, Sa. 11–14 Uhr

097|g Foto: ap, Sven Schneider, www. aboutpixel.de

Anhang

Ostsee

Metropolen, Inseln und Kreuzfahrtziele. **Reise Know-How** bietet aktuelle Reiseführer für die Ostseeregion. Eine Auswahl:

Peter Höh

Usedom

312 Seiten, 18 Karten und Pläne, Register, Griffmarken, über 80 Fotos, komplett in Farbe

Peter Höh

Rügen und Hiddensee

336 Seiten, 17 Karten, Register, Griffmarken, über 70 Fotos, komplett in Farbe

Rasso Knoller

Gotland

288 Seiten, 11 Karten und Stadtpläne, Register, Griffmarken, 80 Fotos, komplett in Farbe

Rasso Knoller

Kopenhagen mit Malmö und Öresund

228 Seiten, Cityatlas und 9 Spezialkarten, über 70 Fotos, Register, komplett in Farbe

Reise Know-How Verlag, Bielefeld

www.reise-know-how.de

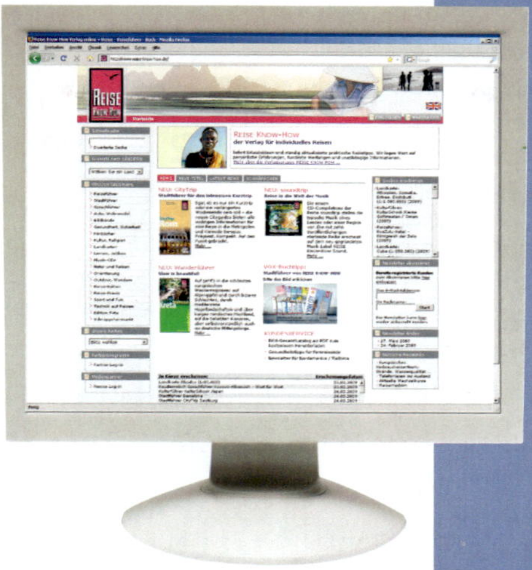

REISE KNOW-HOW online

Unser Kundenservice auf einen Blick:

- Vielfältige Suchoptionen, einfache Bedienung
- Alle Neuerscheinungen auf einen Blick
- Schnelle Info über Erscheinungstermine
- Zusatzinfos und Latest News nach Redaktionsschluss
- Buch-Voransichten, Blättern, Probehören
- Shop: immer die aktuellste Auflage direkt ins Haus
- Versandkostenfrei ab 10 Euro (in D), schneller Versand
- Downloads von Büchern, Landkarten und Sprach-CDs
- Newsletter abonnieren, News-Archiv

Die Informations-Plattform für aktive Reisende

sound))trip®
in cooperation with
(((piranha)))
Neu im
REISE KNOW-HOW Verlag
REISE KNOW-HOW
Northern Africa
The Andes
Argentina
Australia
The Balkans
Barbados
Oriental Belly Dance
Northeast Brazil
Canada
Chile
China
Cuba
Finland
Iceland
India
Ireland
Japan
Mexico
New Zealand
Norway
Russia, St. Petersburg
Scotland
South Africa
Switzerland
Turkey
Uruguay
Die Compilations der CD-Reihe sound))trip stellen aktuelle, typische Musik eines Landes oder einer Region vor.
Jede CD 50–60 Min., 22- oder 46-seitiges Booklet.
Im Buchhandel erhältlich.
Unverbindl. Preisempf.:
EURO 15,90 [D]
Kostenlose Hörprobe im Internet.
www.reise-know-how.de

Anhang

Bildnachweis

Die Kürzel an den Abbildungen stehen für folgende Personen, Firmen und Institutionen. Wir bedanken uns für ihre freundliche Abdruckgenehmigung.

Titelbild: Michael Dojel (der Autor)
ad Regierung von Åland
ai AIDA Cruises
ap www.aboutpixel.de
btz Baltikum Tourismus Zentrale (BTZ), Fremdenverkehrsamt Estland Lettland Litauen, Katharinenstr. 19–20, 10711 Berlin, www.baltikuminfo.de
fo www.fotolia.com
gm Galina Medvedev
ibs Image Bank Sweden, www.imagebank.sweden.se
ibt The Image Bank of the City of Turku, http://turku.hansabase.com
ki City of Kemi
md Michael Dojel (der Autor)
pl www.pixelio.de
to Transocean Tours, www.transocean.de
vd VisitDenmark, http://fotos.visitdenmark.com
vl VisitLuleå
wi www.wikipedia.org

0981g Foto: md

Der Autor

Michael Dojel wurde im Jahr 1952 in Gelsenkirchen geboren. Seine Laufbahn in der Reisebranche begann mit einer Berufsausbildung zum Reiseverkehrskaufmann.

Nach erfolgreichem Abschluss und mehrjähriger Praxis wechselte er zu einer namhaften Fluggesellschaft.

Das Reisen wurde zu seiner Leidenschaft, wobei fast kein Land der Erde ausgelassen wurde. Von Interesse waren weniger die großen Hotelketten und Jetset-Zielorte, als vielmehr die Menschen, ihre Kultur und der Blick „hinter die Kulissen".

1986 entdeckte er die Liebe zur Kreuzfahrt. Jedes Jahr stand nun eine Seereise oder Flusskreuzfahrt auf dem Terminplan.

Die gesammelte Erfahrung wurde in einer Internet-Akademie der interessierten Fachwelt zur Verfügung gestellt. Darüber hinaus erscheinen im Internet Reiseberichte zu verschiedenen Zielen.

Mit den aktuellen Tipps möchte er den Kreuzfahrtpassagieren helfen, ihre Reise besser vorzubereiten.

Danksagung

Der Autor dankt Herrn Michael Hempel für zusätzliche wertvolle Tipps, geduldiges Korrekturlesen und Mithilfe bei der Bildauswahl.

Kartenverzeichnis